本书获江苏省农业科学院基本科研业务专项课题[编号：ZX（

经济管理学术文库·经济类

产权稳定性对农地产出的影响：
基于流转和投资视角的分析

Impact of Tenure Security on Land Transfer, Investment and Output in Rural China

孙小龙／著

经济管理出版社
ECONOMY & MANAGEMENT PUBLISHING HOUSE

图书在版编目（CIP）数据

产权稳定性对农地产出的影响：基于流转和投资视角的分析/孙小龙著.—北京：经济管理出版社，2020.10

ISBN 978-7-5096-6248-9

Ⅰ.①产… Ⅱ.①孙… Ⅲ.①农地制度—土地产权—研究—中国 Ⅳ.①F321.1

中国版本图书馆 CIP 数据核字（2018）第 288107 号

组稿编辑：曹　靖
责任编辑：张巧梅
责任印制：黄章平
责任校对：陈　颖

出版发行：经济管理出版社
　　　　　（北京市海淀区北蜂窝 8 号中雅大厦 A 座 11 层　100038）
网　　址：www.E-mp.com.cn
电　　话：（010）51915602
印　　刷：北京晨旭印刷厂
经　　销：新华书店
开　　本：720mm×1000mm/16
印　　张：12.25
字　　数：227 千字
版　　次：2020 年 10 月第 1 版　　2020 年 10 月第 1 次印刷
书　　号：ISBN 978-7-5096-6248-9
定　　价：68.00 元

前　言

　　2005 年以来，中央一号文件多次对农村土地承包经营权流转做出了规定，党的十七届三中全会指出："赋予农民更加充分而有保障的土地承包经营权，现有土地承包关系要保持稳定并长久不变。"党的十九大报告则进一步提出"保持土地承包关系稳定并长久不变，第二轮土地承包到期后再延长三十年"。此外，国家层面早在 1998 年的《土地管理法》中对土地调整做了明确的规定，2003 年的《农村土地承包法》进一步对农村土地调整作了重要的限制。虽然相关政策已出台多年，相应的绩效也基本释放，但实际执行效果到底如何？农地产权稳定能否促进农地流转，提高农民的农业生产积极性，进而刺激农民增加对农地的长期投资，最终推动农业生产的可持续发展？

　　为回答上述问题，本书首先回顾了改革开放以来农地产权制度演变过程和农地产权在各个阶段所呈现的特点。其次，基于农地产权法律稳定和事实稳定的视角出发，以农户行为理论、产权理论、制度变迁理论和地租理论等为理论基础，构建了"产权稳定性—农户行为（流转/投资）—农地产出"的理论分析框架。最后，基于 2013 年全国 8 省 1136 个农户 2308 个地块的调查数据，并利用 Logit、Tobit 和 LPM 等计量模型，考察产权稳定性对农户农地流转行为的影响以检验产权稳定性的资源配置作用，考察产权稳定性对农户长期投资行为的影响以检验产权稳定性的投资激励作用，在此基础上，进一步考察产权稳定性对农地产出的影响。

　　本书的主要研究结论概括如下：第一，国家出台了众多的文件和法规进一步保障农地产权法律稳定，地方政府也基本上落实了国家关于强化农地产权的有关规定。第二，近年来中国农地流转市场有了较快的发展，但市场化程度较低，有很大比例发生在亲属和熟人之间且大多都没有签订书面流转合同，合同支付方式主要以现金为主。第三，农户开展农田基本建设的积极性不高，主要还是以政府为主，其中村及村以下的投资项目占主导地位。另外，农户施用有机肥的比例较低，且施用的都是自家农家肥。第四，农地产权法律稳定和事实稳定变量对农户农地转出和农地转入都有显著的影响。第五，农地产权事实稳定变量对农户农地长期投资行为有显著的影响，但农地产权法律稳定的影响不显著。第六，产权稳定对农地产出有一定的正向激励作用，但因作物品种不同存在一些差异。

基于上文研究结论，为推进农地流转工作、刺激农户对农地进行投资，进一步提高农地产出，本书提出以下政策建议：第一，完善农地产权制度相关法律法规，提高有关政策的执行效率。第二，做细做实农地承包经营权确权登记颁证工作，落实农地产权全面覆盖。第三，加强法律知识的宣传教育，提高农户对农地产权的认知。第四，健全农地流转合同管理制度，降低农地流转风险。第五，完善农村社会保障体系，增强农户风险防御能力。

目　录

第1章 导论

1.1 研究背景与研究意义

1.1.1 研究背景

土地是农民谋生的主要手段,是农民进行投资、积累财富以及代际转移财富的主要途径。土地制度是农村的基础制度,对土地资源配置、农村社会稳定和社会公平正义有重大影响。改革开放后,以家庭联产承包责任制为核心的农村土地制度创新,打破了我国旧的人民公社体制下土地归集体所有、集体经营的管理体制,在充分发挥集体优越性的基础上,大大解放了农村生产力,调动了农民生产的积极性。以"集体所有、分户经营"为重要特征的家庭联产承包责任制,在确保农村土地所有权归集体所有的前提下,把土地的经营使用权划分给农户所有。产权改革所带来的激励作用,不仅使中国生产力和农业产出获得了巨大的增长,而且提高了农业全要素生产率(黄季焜,2008;Gong,2018)。

然而,近年来随着现代农业的迅速发展和城镇化的快速推进,集体所有、家庭承包的弊端逐渐显露,且主要表现在以下三方面:第一,现有农业小规模生产同外部大市场、农业生产率提高、农产品质量安全及现代农业发展的矛盾日益突出。首先,在农产品市场体制不健全的条件下,农地小规模的细碎化特征使得农业规模化经营的市场化组织不可能自发地产生和完善,生产过程中的产前、产中和产后各环节与市场不可能很好地衔接(孔令丞和邵春杰,2005;匡远配和周凌,2016)。其次,小规模均田制下地块细碎分割、土地经营规模小的情况,直接导致农地承载负担加重,农业劳动生产率和土地生产率低下,农民种田效益增长缓慢(许月明,2006;苏昕等,2014)。再次,小农户把农产品卖向市场,消费者从市场买进农产品，生产者同消费者之间仅存在短暂的买卖关系。因此，一旦买卖双方交易完成，银货两讫就互不相关，此刻的小农户完全是无责任状态，因此小规模生产可能存在着潜在的食品安全问题（胡定寰等，2006；许惠娇等，2017）。最后，农地小规模经营不仅会增加农业技术推广的成本和难度，而且会制约农业相关政策的落实，延缓现代农业发展的进程。第二，以均田承包为主要特征的家庭联产承包责任制存在着先天的制度缺陷，突出表现为农民预期不足、农民土地承包经营权不稳定（安全）、界定不清、交易受限（姚洋，1998；陈锡文，2002；马贤磊等，2015）。如《中华人民共和国宪法》规定，农村的土地除法律规定的以外，属农民集体所有。而《中华人民共和国土地管理法》则规定，农村土地除了村集体所有和乡集体所有的外，由村内各农村集体经济组织或者村民小组经营、管理。由于对"集体"概念的界定不明确，让农户对土地究竟归谁所有产生了认识上的混乱。在这种情况下，产权的不明晰、不稳定、不安全不仅会阻碍农户的农地流转行为，增加农地交易的不确定性，引发农地交易的纠纷，而且会妨碍农户对农地进行相关投资，降低资源配置效率，从而影响农地资源可持续利用和农业生产可持续发展。第三，村级层面农地的任意重新调整极大地动摇了农民对农地权利的信心，对农民增加生产和收入所进行的长期投资方面产生了巨大的负面作用，从而减少了对农地地力的保护，最终降低了农地产出。如 Brandt 等（2002）和郜亮亮等（2013）的研究发现，在农地调整越频繁的村庄中，农民施用有机肥的密度越低。姚洋（1998）和 Zhang 等（2011）的研究发现，农地调整会降低农作物单产和农业生产技术效率。

在这样的背景下，保障农地产权稳定、促进农地流转、刺激农户对农地的投资，对培育新型农业经营主体和推进农业现代化具有重要的意义。实际上，自2005 年以来，中央一号文件已多次对农村土地承包经营权流转做出了规定，党的十七届三中全会指出："赋予农民更加充分而有保障的土地承包经营权，现有土地承包关系要保持稳定并长久不变。"党的十九大报告则进一步提出"保持土地承包关系稳定并长久不变，第二轮土地承包到期后再延长三十年"。此外，国家层面早在 1998 年《土地管理法》中对土地调整做了明确规定，2003 年《农村土地承包法》进一步对农村土地调整做了重要的限制。虽然相关政策已出台多年，相应的绩效也基本释放，但实际执行效果到底如何？农地产权稳定能否促进农地流转，提高农民的生产积极性，进而刺激农民增加对农地的长期投资，最终推动农业生产的可持续发展？本书则基于微观调研数据，试图对以上问题做出回答。

1.1.2 研究意义

通过研究产权稳定性对农地流转、投资和产出的影响,从理论来看,有助于丰富产权理论和农户行为理论。具体而言,首先,从制度变迁的理论角度梳理改革开放后农地产权制度的演变过程,有助于增进对农地产权制度变迁内涵的理解。其次,研究产权稳定性对农地流转的影响,有助于验证产权稳定性对农地的优化配置效应。再次,研究产权稳定性对农地投资的影响,有助于从地块层面验证产权稳定性对农地的投资激励效应。最后,研究产权稳定性对农地产出的影响,有助于验证产权稳定性对农地生产绩效的影响。从现实来看,本书有助于为政府制定和完善相关法律法规提供决策参考,为农地流转的下一步改革、农户投资行为的改变提供实证依据,从而促进农地流转市场快速、规范发展,激励农户进行合理的长期投资,提高土壤质量,推进现代农业的发展。

1.2 国内外相关文献综述

农地产权制度在农村制度中处于核心地位,一旦被确立,就会对农民的具体行为产生深刻的影响(冀县卿和钱忠好,2010;李宁等,2017),而农地产权制度主要集中在农地产权制度的稳定性[①]方面。关于农地产权稳定的问题已引起中央政府的高度重视,近年来的中央一号文件多次提及。同时,随着中国工业化、城镇化和农业现代化进程不断推进,有关农地流转和农地投资的问题,也逐渐成为学者关注的热点。基于以上背景,本书主要立足于产权稳定性对农地流转和农地投资的影响进行综述,并从农地产权稳定的含义、衡量指标、农地投资的类型和其他控制变量的影响4个方面,对实证结果的差异性进行分析。

1.2.1 产权稳定性、农地流转与农地投资:两个热点议题

1.2.1.1 产权稳定性对农地流转的影响

产权明晰界定是市场经济的客观要求,也是农地流转交易的前提(张兰等,

---

① 也有学者表述为农地产权安全(性),如马贤磊等(2010)、吉登艳等(2014)和刘承芳等(2017)。

2014；胡新艳和罗必良，2016）。从本质上来看，农户的农地流转行为是农地使用权的一种转让或交易，而使用权是产权的一部分，因此要考虑农地产权规定和安排的影响。关于农地产权对农地流转的影响，现有文献主要是从使用权稳定的角度展开分析。一般认为，农地产权越清晰，其农地流转市场越规范。叶剑平等（2010）利用2008年17个省份的农村土地调查数据，对农户农地流转行为进行实证分析，研究结果显示，发放土地承包证书的比例越高，农户参与农地流转市场的比例也越高。马贤磊等（2015）指出农地承包合同对农户农地转入行为和农地流转率有显著的促进作用。刘承芳等（2017）的研究也得出类似的结论。Wang等（2015）的研究进一步证实，与农地产权不稳定（没有土地承包证书）的农户相比，农地产权稳定（拥有土地承包证书）的农户更敢于把农地流转给非亲属关系的农户。许恒周等（2011）的研究也表明农地产权稳定（用农户连续拥有的农地年数作为地权稳定性的指标）对农户的农地流转行为有显著的正向影响。然而，基于中国人多地少的基本国情，平均分配土地自古以来一直是农民的基本诉求，农村一般会采用农地调整的办法以保证公平性，所以造成我国农地产权不明晰（Dong，1996；Benjamin and Brandt，1998；李力东，2017）。进一步讲，农地调整会影响农地产权的稳定性，从而影响农地流转市场的发育（刘克春和林坚，2005）。赵阳（2007）的研究发现，打破村民小组界限的土地调整会显著抑制农村土地流转市场的发育，而田传浩和贾生华（2004）基于苏浙鲁3省的1083个农户调研样本，调查却发现土地调整会促进土地流转市场的发展。村庄土地调整越频繁，农户发生农地转入行为的可能性越高，转入农地的面积也越大。

1.2.1.2 产权稳定性对农地投资的影响

学界关于农地投资的影响因素开展了大量研究，其中农地产权稳定性对农地投资的影响，一直是经济学学者关注的热点问题。现有文献主要是从农地使用权稳定、转让权稳定和抵押权稳定的角度开展研究（Besley，1995；Brasselle et al.，2002；Beekman and Bulte，2012；林文声等，2017）。

从使用权稳定的角度来看，稳定的农地使用权可以起到一种"保证效应"，保证投资者的成果和收益不会被他人占有和侵犯，从而激励权利主体对农地进行投资。否则，若农地产权不稳定，投资者现期投资只能在未来实现市场价值中获取部分收益，将损害投资者对农地投资的信心，从而进一步影响其未来对农地的投资行为，部分投资者甚至起初就会选择不对农地进行投资（Alchian and Demsetz，1973；Jacoby et al.，2002；Banerjee and Ghatak，2004；Goldstein and Udry，

2008；胡新艳等，2017）。现有文献一般使用村级农地调整的次数或频率作为农地使用权稳定的识别指标，研究农地使用权稳定对农户农地投资的影响（Krusekopf，2002；许庆和章元，2005；钟甫宁和纪月清，2009）。然而，研究结论却并不一致。多数研究认为，农地使用权稳定对农地投资具有显著的激励作用。农地调整次数越少，农地使用权越稳定，农户对农地投资（与农地地块相连的投资）的积极性越高（朱民等，1997；马贤磊，2009；饶芳萍，2016）。俞海等（2003）基于社会经济调查数据和全国 6 省 180 个样本地块土壤实验的数据，详细分析了农地使用权稳定对农地资源的影响，研究表明，农地使用权稳定对土壤长期肥力变化有显著促进作用，农地使用权越稳定越有利于激励农户对农地进行长期投资，最终改善土壤的长期肥力。Brandt 等（2002）的研究也指出，土地调整频率与有机肥料投入的密度呈负相关关系，农户有机肥料投入的密度随农地调整次数的增多而降低。还有学者通过比较农户在自留地和集体地的投资行为来验证农地使用权的稳定性（何凌云和黄季焜，2001），研究发现农户在自留地上有机肥的投入量显著高于责任田（集体地）。但是，也有部分研究认为农地使用权稳定对农户的农地投资行为没有显著影响（Kung and Cai，2000）。许庆和章元（2005）将农地调整分为"农地大调整"和"农地小调整"，并把长期投资分为"与特定地块相连的长期投资"和"与特定地块不相连的长期投资"，还利用中国农村居民问卷调查数据库中 6 省 200 个农户的微观数据，实证检验了农地小调整对农户农地长期投资激励的作用。研究指出，由于"与特定地块不相连的长期投资"不受地理位置限制的使用，因此农地大调整对其没有影响；而农地小调整对有关土壤肥力的投资（与特定地块相连的长期投资）有影响，但影响效果并不显著。Feder 等（1992）的研究也表明，农地调整不会影响与包括拖拉机和畜力在内的与农地地块不相连的投资。钟甫宁和纪月清（2009）的研究进一步指出，农地使用权稳定在促进农地投资方面并没有起到太大的作用，非农就业机会和农民数量才是决定农地投资的关键因素。

从转让权稳定的角度来看，农地转让权稳定可以起到一种"交易效应"。农户可以通过农地流转市场把部分农地或者所有农地转出，让农地流转到有能力投资的人手中，达到帕累托效率改进，从而优化农地资源配置（Deininger and Jin，2006；王倩和余劲，2017）。《农村土地承包法》中有关农地流转的规定则为农地转让权稳定的"交易效应"提供了法律保障和政策基础。同时，已有研究发现，农户转入的土地可以根据流转对象的不同，分为亲戚的农地和非亲戚的农地两大类（钟涨宝和汪萍，2003；陈和午和聂斌，2006；定光平和张安录，2008；

罗必良等，2017）。郜亮亮和黄季焜（2011）基于 2000 年和 2008 年两期 6 省的农户调查混合数据，通过计量经济模型方法，分析转入农地类型对农地投资的影响。研究结果表明，与从非亲戚关系转入的农地相比，农户更倾向于在从亲戚关系转入的农地上施用有机肥。

从抵押权稳定的角度来看，农地抵押权稳定可以起到一种"信贷效应"。农户为扩展信用，可以将农地作为抵押品抵押给金融机构，从而获取信贷，增加农地投资（Feder and Feeny，1991；Feder and Nishio，1998；李体欣等，2011；许泉等，2016）。然而，由于地权稳定性和法律支持的问题，我国的农地抵押仍处于试点阶段，再加上农地不能轻易变更用途，农地价值远远低于工业用地等地的价值，导致多数金融机构不愿接受农地作为抵押物（刘红梅和王克强，2000；叶剑平等，2010；曹瓅和罗剑朝，2017）。

基于对以上文献的梳理，可以发现，关于农地产权稳定性对农地流转和农地投资的影响，在具体的经验研究中还没有得到一致的结论。下文将从农地产权稳定性的含义及衡量指标、农地投资的类型和其他控制变量的影响 4 个方面，对经验研究结果的差异性进行分析。

1.2.2 产权稳定性、农地流转与农地投资：结果差异性的分析

1.2.2.1 产权稳定性的含义

产权是一种特殊的社会工具，是个人收益和受损的一组权利束（Demsetz，1967），一般由使用权、收益权和交易权组成（埃格特森，2004），其对个人的经济决策动机和行为选择具有重要的影响。具体到中国农村土地问题，农地产权反映的是人与农地的关系，是以农地为客体的各项权利（所有权、使用权、收益权、转让权和处分权）的总和（FAO，2004；刘书楷和曲福田，2004；赵阳，2007）。目前，学界对农地产权问题已开展了热烈的讨论，讨论的焦点主要集中在农地产权稳定性方面。然而，由于产权本身会受到法律、法规、制度、经济和社会风俗等因素的影响，且研究者本人来自于不同的国家和地区，因此对农地产权稳定性含义的界定，学者们还没有达成共识。根据农地权利的类别，可以把农地产权稳定分为农地使用权稳定、农地转让权稳定和农地抵押权稳定（Besley，1995；Jacoby et al.，2002；Brasselle et al.，2002），而根据现有文献对农地产权稳定的研究，也可以从农地产权的法律稳定、事实稳定和感知稳定三个角度对其含义进行阐述（吉登艳等，2014；Ma et al.，2015）。

农地产权的法律稳定。农地产权的法律稳定是农地产权的一种法律状态，一

般通过国家法律来界定产权，以此表明该农地产权受到国家法律和政策的保护（Gelder，2010）。现实中，由于产权的脆弱性，不仅要防范他人对产权的侵犯，而且要防止政府对产权的侵夺（徐光东，2010）。以农地征用为例，农地征用是指国家因公共事业的建设需要，依照法律程序强制取得个人所持农地所有权利的一种行为（蔡洁，2005；王培刚，2007；张曙光，2007；胡国平和胡铃；2013）。如果国家法律和政策对政府的征地行为没有具体限制，就有可能导致政府农地征用权的滥用，从而出现寻租行为，使个人对农地所持权利遭受侵害。而我国的《土地管理法》《土地承包法》《物权法》等法律文件则从公共使用和公正赔偿等方面对农地征用做了具体的规定，进一步保障了农地产权的法律稳定（严金明，2004；杨进和张迎春，2005；王利明，2005；邢祖礼和邓朝春，2012；崔宝玉等，2016）。

农地产权的事实稳定。在实际生活中，除了要明确法律层面上的农地稳定，更应关注政策落实后事实上的产权稳定。事实稳定是基于对产权控制的实际情况对产权进行界定，具体包括所持有权利的类型、时限及行使的确定性（Place and Hazell，1993）。事实稳定与法律层面所承认和保护的法律稳定相比，更能反映产权稳定的实际状况（Gelder，2009）。

农地产权的感知稳定。感知稳定是以客观事实为基础，个人的一种主观感受或预期（魏明侠，2005），而农地产权感知稳定是以农地法律稳定客观存在为基础，从感觉层面和知觉层面评估农地产权是否稳定，如担不担心失去土地（Sjaastad and Bromley，1997；Carter and Olinto，2003；Gelder，2007；饶芳萍等，2016）。Broegaard（2005）认为对产权稳定的感知是影响农户生产行为和生产决策的核心因素。所以产权的感知稳定有时比产权的法律稳定和事实稳定更重要（Jansen and Roquas，1997），而由于年龄、受教育程度、生活经历等特征的不同，农户对农地产权的感知稳定也存在着较大的差异（徐旭等，2002；洪名勇和施国庆，2007；徐美银和钱忠好，2009；仇童伟，2017）。

从以上文献可以看出，学者们主要是从单一角度对农地产权稳定的含义进行界定，忽略了对农地产权法律稳定、事实稳定和感知稳定的比较分析，而在具体实际中，农地产权的法律稳定、事实稳定和感知稳定是相互联系的。如国家出台相关法律法规对农地征用的用途做出严格规定以保障农地产权的法律稳定，基于国家层面的压力，地方政府可能会在征地过程中改善自身的行为，在一定程度上影响了农地产权的事实稳定。此外，法律法规层面对农地产权稳定的相关规定，也有可能会影响农户对农地产权的感知稳定。因此，今后在研究农地产权稳定相关问题时，应综合考虑农地产权法律稳定、事实稳定和感知稳定之间的联系，全面理解农地产权稳定的含义。正常情况下，因为产权感知稳定是一种主观判断，会受到法律稳定、事实稳定及个人特征的影响，存在内生和多重共线的问题，一般不把感知稳定和法律稳定、事实稳定放在一起分析。

1.2.2.2 产权稳定性的衡量指标

由于对农地产权稳定性含义理解的不同，且农地产权稳定性无法直接度量，所以研究者会选取各式各样的替代指标用以衡量农地产权的稳定。结合农地产权稳定性含义的理解，其常见的衡量指标主要包括以下几种：

农地产权法律稳定的衡量指标。在关于中国、泰国及非洲等国家和地区的研究中，一般选用正式的土地登记或国家颁发的土地证书作为衡量农地产权法律稳定的指标（Feder and Nishio，1988；Domeher and Abdulai，2012；马贤磊等，2017）。但是，也有学者对土地登记这一指标提出挑战，他们认为正式的土地登记不一定能够代表农地产权稳定（Broegaard，2005），因此土地登记对农地投资的影响很小或者基本没有影响（Barrows and Roth，1990）。甚至有研究指出，受法律保护的产权与产权稳定呈负相关关系（Zeeuw，1997）。此外，还有学者从产权类型（自有地、责任田）的角度来衡量农地产权的法律稳定（何凌云，2001；Gao et al.，2017）。

农地产权事实稳定的衡量指标。农地权利实际持有状况和农地调整经历是衡量产权事实稳定的常见指标（仇童伟和罗必良，2017）。Place、Hazekk（1993）和 Brasselle 等（2002）根据农户实际所持有的农地权利对农户进行分类，研究产权稳定对农地投资的影响。还有学者通过设置拥有农地权利的虚拟变量来衡量农地产权的事实稳定，采用此方法的如 Besley（1995）和 Kabubo - Mariara（2007）等学者的研究。至于农地调整经历方面，俞海等（2003）把农地调整分为土地大、小调整两种类型，然后根据农户经历大小调整的情况来设置虚拟变量，衡量农地产权稳定。Ali 等（2007）针对埃塞俄比亚的研究则使用上次农地调整的时间衡量事实上的农地产权稳定。马贤磊等（2017）用有无农地调整的经历衡量事实上的农地产权稳定，研究农地流转市场的潜在发育。

农地产权感知稳定的衡量指标。农户对未来农地调整的预期是衡量感知稳定常用的指标。钟甫宁和纪月清（2009）用未来农地调整发生时间的预期作为产权稳定的识别变量，研究发现，在农户投资的方程中产权稳定的识别变量没有达到统计上的显著水平。也有学者在研究中采用虚拟变量（对农地产权稳定的认知）的方式作为衡量产权感知稳定的指标，如 Deininger 和 Jin（2006）对埃塞俄比亚的研究和 Ma 等（2013）对中国西北地区的研究。此外，还有学者从农户对地块失去可能性评估的角度作为农地产权感知稳定的替代指标（Jacoby et al.，2002；吉登艳等，2015；仇童伟，2017）。

总体来看，由于学者们对农地产权稳定性含义的界定还没有达成共识，且农地产权稳定性本身无法直接度量，再加上受法律、政治、经济等众多因素的影响，导致学者选用了不同层面的指标来衡量农地产权稳定性。然而，现有研究并没有深入分析各类指标在反映农地产权稳定程度上存在的差别，也无法直接判断相关指标选取的优劣性，因而不能全面地理解研究结果的差异。

1.2.2.3 农地投资的类型

农地投资是农业生产获得收益的前提，因研究目的的不同，研究者对农地投资进行了不同的分类。一般根据投资收益回报时间的长短，可以把农地投资划分为农地短期投资（功效在 1 年之内）和农地长期投资（功效超过 1 年）两类（许汉石，2009）。农地短期投资通常包括劳动力、农药、化肥等投入，这些投资可转移；相反，农地长期投资具有不可转移性，通常包括平整土地、梯田建设、改良土壤、种树、施用石灰及石膏、绿肥种植、有机肥施用、磷肥投入等（Gebremedhin and Swinton，2003；Birungi and Hassan，2010；马贤磊，2010；Abdulai et al.，2011；郜亮亮等，2011；Evansa et al.，2015，张弛等，2017）。也有学者根据投资流动情况，把农地投资笼统地分为流动投资与非流动投资。农地流动投资主要是指与特定地块不连的投资，如农业机械（耕地机、插秧机、植保机、收割机、拖拉机等）和仓库、畜舍建设；而农地非流动投资主要包括灌溉水渠、打井、农家肥施用、田间道路桥梁建设等（钟甫宁和纪月清，2009）。还有学者根据投资主体的不同，把农地投资分为政府投资和非政府投资（姚东，2014）。这里的政府投资主要指公共投资，即为弥补市场失灵，促进经济增长，由国家公共项目资金扶持，提供满足社会需要的公共产品和服务的经济行为（张雷宝，2004；尹贻林和卢晶，2007；张同龙和张林秀，2017）。这一类投资具有非竞争性和非排他性，投资所获取的效用由整个社会成员所共享。而非政府投资一般是指私人投资，即主要由微观经济主体（个人和企业）所进行的投资（陈浪南和杨子晖，2007）。具体到农地投资，政府投资（公共投资）主要包括田间道路桥梁和灌溉沟渠的投资（陈铁和孟令杰，2007）；而非政府投资（私人投资）主要包括农地平整、农药、化肥、有机肥、农业机械投入等（Jacoby et al.，2002；Ma et al.，2013）。

结合以上分析可知，研究者基于研究目的的不同对农地投资进行了不同的分类，但值得注意的是，划分标准的不同可能隐含着内在属性的差异，再加上各类农地投资作用机制的不同，在某种程度上会导致研究结果存在一定的偏差。

1.2.2.4 控制变量的选取

需要说明的是，农地产权稳定性对农地流转和农地投资的影响并不是单独存在的，它与其他控制变量形成交互作用，共同影响着农户的农地流转和农地投资行为。因此，在经验研究中需考虑其他控制变量的影响。

其他控制变量对农地流转的影响。几乎所有研究农地流转影响因素的文献都会考虑农户特征变量的影响。这些研究所分析的农户特征变量主要包括两大类：户主个人特征，如户主性别、年龄、受教育程度等（李实，1999；Yao，2000；张林秀和刘承芳，2005；包宗顺等，2009；陶然等，2009；刘勇等，2010；许恒周和郭忠兴，2011；聂建亮，2018）；农户家庭特征，如家庭人口数量（劳动力数量）、土地资源禀赋、财富、收入结构、农业资产等（Carter and Yao，1999；Deininger and Jin，2005；叶剑平等，2006；陈美球等，2008；刘克春和池泽新，2008；韩菡和钟甫宁，2011；诸培新等，2011；邬亮亮等，2014；王亚辉等，2017）。

此外，不少文献关注农村要素市场之间的影响。在工业化、城镇化的背景下，随着非农就业机会的增多，农户从事农业生产的机会成本越来越大，因而认为劳动力市场的迅速发展会进一步影响农地流转市场的发展（Kung，2002；黄丽萍，2006；Huang et al.，2012；许庆等，2017；张璋和周海川，2017）。其中，大部分文献都以非农就业作为劳动力市场的核心指标。目前，关于非农就业对农地流转的影响，学界主要持有以下几种观点：第一，非农就业机会增多会诱导农户发生农地流转行为，促使更多农户参与到农地流转市场中去，进一步刺激农地流转市场的发展（金松青和 Deininger，2004；Deininger et al.，2008；Feng et al.，2010；闫小欢和霍学喜，2013；周来友等，2017）。第二，非农就业机会的产生未必导致农地流转行为的发生（钱忠好，2008；江淑斌和苏群，2012）。第三，农地流转市场对农户非农就业有影响（Yang，1997；游和远和吴次芳，2010；田传浩和李明坤，2014）。

其他控制变量对农地投资的影响。除了产权稳定性因素外，有学者从非农就业的角度考察农户的农地投资行为（李明艳，2011；方鸿，2013；邹伟等，2017）。钟太洋等（2011）基于江苏省 3 市的 356 份农户调查数据，研究非农就业对农户有机肥施用的影响，研究结果显示非农就业与有机肥施用呈显著负相关关系，而李明艳等（2010）的研究则表明非农就业对农家肥的投入没有影响。另外，不少学者还关注了农户特征变量对农地投资的影响，如户主年龄、受教育水平、家庭劳动力数量、农业收入和农地规模（刘承芳等，2002；刘荣茂和马林靖，2006；张弛等，2017）。

事实上，在实证研究农地产权稳定性对农地流转和农地投资影响的过程中，主要是通过建立计量模型，在保证其他控制变量不变的情况下，把农地产权稳定性对农地流转和农地投资的影响作用单独隔离出来，而在建立计量模型时，可能出现其他控制变量误选或漏选的情况，极容易导致研究结果出现偏误。

1.2.3 研究评述

1.2.3.1 已有研究成果的价值

通过对相关文献进行梳理整合后发现：现有文献就农地产权稳定性、农地流转和农地投资的问题已开展了较为深入的研究，但研究结论却存在较大的差异。主要是基于以下几个方面的影响：一是农地产权稳定性含义理解和识别指标不同。产权与地域的社会、政治、经济和文化有密切的联系，而研究者来自不同的国家和地区，因此学者对农地产权稳定性含义的理解存在较大的分歧；同时，由于研究角度的不同，且农地产权稳定性无法直接衡量，因此农地产权稳定性的识别指标各式各样，无法统一。二是农地投资类型的不同。根据投资收益时间的长短，可以把农地投资划分为农地短期投资和农地长期投资；根据投资流动情况，可以把农地投资分为流动投资与非流动投资；根据投资主体的不同，还可以把农地投资分为政府投资和非政府投资。农地投资划分标准的不同可能隐含着内在属性的差异。三是其他控制变量选用、研究方法等存在较大的差别。部分文献虽然研究的角度相同或接近，但由于其他控制变量选用、研究方法等方面存在较大的差别，直接导致实证研究结果的显著不同，甚至出现相反的结论。基于对现有文献研究的比较，有助于从整体上把握国内外研究的热点问题、研究视角、研究方法和研究结果等，这些都为本书提供了很好的借鉴价值。

1.2.3.2 已有研究成果的不足

从研究数据来看，多数研究所用数据都是基于小样本、小范围内抽样的调查，有浓厚的地域色彩，也可能会存在样本代表性较弱的问题，从而导致研究结果的偏误。

从研究视角来看，关于农地投资的研究，已有文献在研究农地产权稳定性对农地投资影响时，主要选用农地使产权法律稳定和事实稳定两者之一作为衡量产权稳定性的指标，多数文献没有把农地产权的法律稳定和事实稳定放在同一框架内进行分析①。关于农地流转的研究，现有文献更多的是从非农就业和农户特征的角度开展研究，而从农地产权稳定性角度考察农地流转影响因素的文献相对较少，且对农地产权稳定性的研究过于笼统，没有细分农地产权法律稳定和事实稳定，也没有详细阐述农地产权稳定性对农地流转的作用机制和影响程度。此外，也没有进一步研究农地产权稳定性对农地流转和农地投资影响之后，会不会进一步影响农地产出。

从研究方法来看，多数研究在确定选题后，没有运用经济理论（数量模型）或逻辑推导分析选题的内在经济学含义，而是直接利用调研数据建立计量模型进行实证分析，可能会导致模型结果不稳健，产生"变色龙"一样的结果。

1.2.3.3 已有研究成果的提升空间

基于对现有文献的总结，本书试图在如下几个方面进行提升：

第一，利用大规模的随机抽样调查数据，克服传统小样本数据代表性不足的问题，综合考察产权稳定性对农地流转、投资和产出的影响。

第二，深化产权稳定性对农地投资影响的研究，用地块层面的数据，综合考察农地产权法律稳定和事实稳定对农地投资的影响。

第三，补充产权稳定性对农地流转的研究，从农地产权法律稳定和事实稳定方面重点阐述农地产权稳定性对农地流转的作用机制和影响程度。

第四，结合农地资源配置效应和农地投资激励效应，检验产权稳定性对农地产出的影响。

第五，运用数理模型分析有关选题的经济学含义，再用计量经济模型进行验证。

1.3 研究目标与研究内容

1.3.1 研究目标

1.3.1.1 总目标

在借鉴已有研究的基础上，梳理改革开放后农地产权制度的演变过程，并利

---

① 因为产权感知稳定是一种主观判断，会受到法律稳定、事实稳定及个人特征的影响，存在内生和多重共线的问题，一般不和法律稳定、事实稳定放在一起分析。

用全国范围内有代表性的样本，描述农地流转和农地投资的现状及特点，深入探究农地产权稳定性对农地流转、投资和产出的影响，为国家着手农地制度改革提供理论支撑和实证依据。

1.3.1.2 具体目标

第一，通过对改革开放后农地产权制度的演变过程进行梳理，揭示农地产权制度变迁的深刻内涵和本质特征。

第二，通过对农地流转和农地投资的现状及特点进行分析，阐明农地流转和农地投资的实际情况。

第三，通过探究产权稳定性对农地流转和农地投资的影响，检验产权稳定性对农地的资源配置效应和投资激励效应。

第四，通过分析产权稳定性对农地产出的影响，探索今后农地制度改革的方向和路径。

1.3.2 研究内容

为了实现上述研究目标，本书研究内容主要包括以下六个部分：

第一，梳理改革开放后农地产权制度的演变过程。本部分内容主要从制度变迁的理论角度梳理改革开放后农地产权制度的演变过程。

第二，描述农地流转和农地投资的现状及特点。本部分内容主要基于实地调研数据，运用描述性统计的方法，从农地流转面积、流转比例、流转对象、流转合同形式及期限等方面，描述农地流转的现状和特点；从农地投资比例和投资来源等方面，描述农地投资的现状和特点。

第三，分析产权稳定性对农地流转的影响。本部分内容主要从农地产权法律稳定和事实稳定两方面考察其对农户参与农地流转市场的影响，具体包括是否发生农地流转行为及农地流转的规模（公顷）。实证研究中，选用农户是否有相应的土地使用凭证（土地承包合同、土地承包经营权证书）和二轮承包以来村级土地调整频率（次数）分别作为农地产权法律稳定和事实稳定的识别变量。

第四，分析产权稳定性对农地投资的影响。本部分内容主要从农地产权法律稳定和事实稳定考察其对农户农地长期投资行为的影响，具体包括是否施用有机肥及有机肥实际施用量（吨/公顷）。

第五，分析产权稳定性对农地产出的影响。本部分内容主要结合农地资源配置效应和农地投资激励效应，考察农地产权稳定性对农地产出的影响。

第六，根据上述研究结论得出政策含义。本部分内容主要在前面主要研究结论的基础上，提出未来农地产权制度改革的方向。

1.3.3 本书结构

基于以上研究目标和研究内容，本书结构安排如下：

第 1 章，导论。本章主要介绍全书的研究背景与研究意义，明确本书的研究目标与研究内容，然后围绕产权稳定性、农地流转、农地投资三个研究主题，系统性回顾国内外研究现状，接着进行简单的述评，进一步厘清本书的结构安排，并详细介绍本书所使用的主要研究方法、数据来源及技术路线，最后指出本书可能的创新点。

第 2 章，概念界定与理论基础。本章首先对所涉及的核心概念进行界定；其次对研究过程中所涉及的相关理论进行介绍，具体包括农户行为理论、产权理论、制度变迁理论和地租理论；最后在上面工作的基础上，构建"农地产权—农户行为—农地产出"的理论分析框架，为后面章节的实证研究提供坚实的理论参考。

第 3 章，改革开放以来农地产权制度的演进及现状。本章首先从产权稳定性的法律稳定和事实稳定两个层面对农地产权稳定性的相关政策进行系统性回顾。然后利用全国 8 省的实地调查数据，描述农地产权事实稳定的现状（相关政策的落实情况）。

第 4 章，农地流转和农地投资现状。本章基于全国 8 省大样本的调查数据，用描述性统计的分析方法，分别从农地流转面积、流转比例、流转对象、流转合同形式和期限等方面描述农地流转的现状和特点；从农地投资比例和投资来源等方面，描述农地投资的现状和特点。

第 5 章，产权稳定性对农地流转的影响。本章首先从理论上分析农地产权对农地流转的激励作用；其次基于全国 8 省 1136 个农户的调查数据，从农地产权法律稳定和事实稳定两个角度出发，运用 Logit 模型和 Tobit 模型实证检验了产权稳定性对农户是否参与农地流转市场和农地流转规模的影响；最后为了检验实证结果的稳健性，利用 LPM 模型和 OLS 模型进行了稳健性分析。

第 6 章，产权稳定性对农地投资的影响。本章首先从理论上分析产权稳定性对农地投资的刺激作用；其次基于全国 8 省 2308 个地块的调查数据，从产权法律稳定和事实稳定两个角度出发，运用 Logit 模型和 Tobit 模型实证检验了产权稳定性对农户长期投资行为的影响；最后利用 LPM 模型和 OLS 模型对实证结果进行了稳健性检验。

第 7 章，产权稳定性对农地产出的影响。本章理论分析了产权稳定性可能通过农地流转和农地投资这两种路径影响农地产出，并利用全国 8 省 2308 个地块的调查数据，基于作物品种的差异，分别考察了产权稳定性对小麦、水稻和玉米单产的影响。

第 8 章，研究结论与政策建议。本章主要对前面章节的研究结论进行提炼，并基于研究结论提出相关政策建议，以期为今后农地制度改革的方向和路径提供政策参考。最后，总结了本书的不足之处并对有关研究主题的后续研究方向进行了展望。

1.4　研究方法、数据来源与技术路线

1.4.1　研究方法

基于调查数据的特征，本书运用计量经济学方法分析农户农地流转和农地投资行为。本书主要考察农户是否发生农地流转（转入、转出）行为、农户是否对农地进行长期投资（施用有机肥等），这些被解释变量都是二值选择（Binary Choices）变量，应使用离散选择模型，如 Logit 模型。同时，本书还考察农户土地流转面积及有机肥的施用量，考虑到在实际情况中，部分农户没有发生农地流转行为或没有对农地进行长期投资（有机肥施用），如果将这些变量（农户的农地流转面积和有机肥施用量）设定为 0，并采用 OLS 方法进行估计，将有可能导致回归结果出现选择性偏误。为解决这个问题，得到一致估计，本书拟采用 Tobit 模型进行估计。

1.4.1.1　二元选择模型

在一般的计量模型中，常常假定被解释变量（因变量）为数值型的连续变量。然而，在实际情况中经常会遇到很多选择问题（决策问题），即在仅有的几种方案中做出选择。而这些可选择的方案经常用离散数据来表示，而这类以离散数据作为被解释变量的模型，被称为"离散选择变量模型"（Discrete Choice Model，DCM）。如果被解释变量只有两种选择，如买房或不买房、出国或不出国，就称为二元（二值）选择模型（Binary Choice Model，BCM）。如果被解释变量有多种（超过两种）选择，如选择不同的交通工具（自行车、汽车、火车

等），称为"多元（多值）选择模型"（Multiple Choice Model，MCM）。因研究内容的限定，本章主要介绍二元选择模型。

参考伍德里奇（2010）和格林（2011）对线性概率模型（Linear Probability Model，LPM）的设定：

$$P = (y = 1 \mid x) = \beta_0 + \beta_1 x_1 + \beta_2 x_2 + \cdots + \beta_k x_k \tag{1-1}$$

由式（1-1）可以推出：

$$E(y \mid x) = F(x'\beta) = \beta_0 + \beta_1 x_1 + \beta_2 x_2 + \cdots + \beta_k x_k \tag{1-2}$$

$$Var(y \mid x) = x\beta(1 - x\beta) \tag{1-3}$$

从式（1-2）和式（1-3）可以看出，用普通最小二乘法（OLS）进行估计虽然是一致的，但结果却是无效的。原因有以下几个方面：一是由于异方差问题的存在，$Var(\varepsilon_i) = Var(x'\beta)$，$\varepsilon_i$（扰动项）的方差依赖 x。二是 LPM 模型假定所有变量的边际影响（Marginal Effect）都保持不变，但是这与实际情况不相符。三是根据 LPM 模型所得的预测值有可能位于 [0，1] 之外，即出现 $\hat{y} < 0$ 或 $\hat{y} > 1$ 的情况。

为了解决 LPM 模型存在的以上问题，假定

$$P = (y = 1 \mid x) = G(x\beta) \equiv p(x) \tag{1-4}$$

通过使用相关潜变量可以把上面的模型表示如下：

$$y^* = x\beta + e, \quad y = 1[y^* > 0] \tag{1-5}$$

因此，结合式（1-4）和式（1-5），可以得到：

$$P = (y = 1 \mid x) = p(y^* > 0 \mid x) = p(e > -x\beta) = 1 - G(-x\beta) = G(x\beta) \tag{1-6}$$

而通过选择不同的分布函数 $G(\cdot)$，可以得到不同的模型。若选取的函数为式（1-7）：

$$G(z) = \Phi(z) \equiv \frac{exp(z)}{1 + exp(z)} \tag{1-7}$$

其中，$\Phi(z)$ 为"逻辑分布"（Logistic Distribution）的累计分布函数，那么该模型可以变成 Logit 模型。在实际情况中，通常使用最大似然法（Maximum Likelihood Estimate，MLE）对二元选择模型进行估计，这里假定每个观测值都来自贝努利分布中的一次抽取（一次抽取的二项式分布），那么具有成功概率为 $F(\beta'x)$ 及独立观测值的模型组合了联合概率或似然函数。

在给定 x_i 的情况下，y_i 的密度函数可以写为：

$$f(y \mid x_i; \beta) = [G(x_i\beta)]^y [1 - G(x_i\beta)]^{1-y}, \quad y = 0, 1 \tag{1-8}$$

对式（1-8）的左右两边取对数，就可以得到第 i 个观测值的对数似然

函数：

$$l_i(\beta) = y_i \log[G(x_i\beta)] + (1-y_i)[1-G(x_i\beta)] \tag{1-9}$$

最大化 N 个观测值的对数最大似然函数之和就可以得到总体参数 β 的一致最大似然估计值。

1.4.1.2 Tobit 模型

Tobit 回归模型属于被解释变量的取值范围受到限制的一种模型，其概念最早是由 Tobin（1958）提出，然后由经济学家 Goldberger 首度采用。如果要分析的数据（因变量取值）受到限制，如截断或审查，那么就不适合用 OLS（普通最小二乘法）对模型进行估计，此时需选用 Tobit 模型估计（采用极大似然法）回归系数。具体模型设定如下：

$$y_i^* = X\beta + \varepsilon_i \quad i = 1, 2, \cdots, n \tag{1-10}$$

假设模型两端受到限制，y^* 是没有受限的因变量，如果当 $y^* > c_1$ 或 $y^* < c_0$ 时，此时无法知道 y^* 的值，则可以把 y^* 当作一个潜在变量。虽然和实际所观察到的因变量 y 不完全一致，但利用 Tobit 模型可以设置为一个潜变量模型，实际中所观察到的因变量 y 为：

$$y_i = \begin{cases} y^*; & c_0 \leqslant y^* \leqslant c_1 \\ c_0; & y^* < c_0 \\ c_1; & c_1 < y^* \end{cases} \quad ; \quad y^* = X\beta + \varepsilon_i \tag{1-11}$$

式（1-11）中的随机扰动项 $\varepsilon_i \sim N(0, \sigma^2)$ 服从正态独立同分布（iid）。

那么：（1）$y_i^* = c_0$ 的概率即为：

$$P(y = c_0) = P(y^* < c_0) = P(X\beta + \varepsilon_i < c_0) = P(c_0 - X\beta > \varepsilon)$$

$$= P\left(\frac{\varepsilon}{\sigma} < \frac{c_0 - X\beta}{\sigma}\right) = \frac{1}{\sqrt{2\pi\sigma^2}}\int_{-\infty}^{c_0 - x\beta} e^{-t^2/(2\xi^2)} dt = \phi\left(\frac{c_0 - X\beta}{\sigma}\right)$$

$$\tag{1-12}$$

（2）$y^* = c_1$ 的概率为：

$$P(y = c_1) = P(y^* > c_1) = P(X\beta + \varepsilon_i > c_1)$$

$$= P(\varepsilon > c_0 - X\beta) = P\left(\frac{\varepsilon}{\sigma} > \frac{c_1 - X\beta}{\sigma}\right)$$

$$= 1 - P\left(\frac{\varepsilon}{\sigma} < \frac{c_1 - X\beta}{\sigma}\right)$$

$$= 1 - \frac{1}{\sqrt{2\pi\sigma^2}}\int_{-\infty}^{c_1 - x\beta} e^{-t^2/(2\xi^2)} dt$$

$$= 1 - \phi\left(\frac{c_1 - X\beta}{\sigma}\right) \tag{1-13}$$

（3）当 $c_0 < y^* = c_1$ 的概率为：

$$P(y^* \mid c_0 < y^* < c_1) = \frac{1}{\sqrt{2\pi\sigma^2}}e^{-(y_i - X\beta)^2/(2\zeta^2)} \tag{1-14}$$

因此，此时模型的似然函数的形式可以表达为：

$$L = \prod_{y_i = c_0} P(y_i = c_1) \prod_{c_0 < y_i < c_1} P(y_i \mid c_0 < y_i < c_1) \tag{1-15}$$

下一步采用极大似然估计就可以得到模型所要估计的参数值（格林，2011）。此外，对模型的解释也可以分为三种：一是对潜变量 y^* 的影响；二是对截断 y 的影响，即对 $y \mid c_0 < y < c_1$ 的影响；三是对受到限制变量 y 的影响。

1.4.2　数据来源

本书所采用的数据来源于中国科学院农业政策研究中心（现北京大学中国农业政策研究中心）于 2013 年 1 月和 7 月在全国 8 个省份开展的大规模村级和农户层面的实地调查，这 8 个省份具体包括：山东、陕西、吉林、浙江、河南、甘肃、湖南和四川。这 8 个样本省份的选取，既考虑了不同省份的社会经济发展水平，又兼顾了南北方区域分布的差异。

在每个省份的具体调研过程中，中国科学院农业政策研究中心主要采用多阶段分层随机抽样的方法。首先，根据农村人均纯收入把样本省内所有的县分成高、中、低 3 组，从每组中随机抽取出 1 个县，一共抽取 24 个样本县。需要说明的是，山东省实际共抽取了 4 个县（有 2 个中等水平的县）进行调查，其中 1 个中等水平的县用来开展实地培训及预调查。为保证数据的质量，本书并不将这个培训县计入最终样本。其次，按照同样方法，把样本县内所有乡（镇）根据农村居民可支配收入水平分成高、低 2 组，每组随机抽取 1 个乡（镇），一共抽取 48 个样本乡（镇）。最后，选取样本村和样本调查农户。在所选取的 48 个样本乡（镇）中，同样以农村居民可支配收入为标准，把该乡（镇）所有村分成高、低 2 组，然后在每组中随机抽取 1 个村，分别代表当地发展水平高的村和当地发展水平低的村。然后在每个村中，以全村总户数为参照，根据等距抽样原则，随机抽取 12 个农户。调查样本共包括 8 个省中的 24 个县、48 个乡（镇）、96 个村和 1152 个农户。表 1-1 对调查样本分布情况进行了汇总。

表 1－1 调查样本分布情况

省份	县	乡	村	户
山东	3	6	12	144
陕西	3	6	12	144
吉林	3	6	12	144
浙江	3	6	12	144
河南	3	6	12	144
甘肃	3	6	12	144
湖南	3	6	12	144
四川	3	6	12	144
合计	24	48	96	1152

资料来源：中科院农业政策研究中心 2013 年调查。

调研采用面对面的问卷调查方式，调查问卷分为农户问卷和村级问卷两种类型。农户问卷的回答者主要是农民家庭的户主。村级问卷的回答者主要是村级领导，如村支书、主任和会计等。在正式调查之前，项目组对所有的调查员进行了严格的培训，主要讲解调查问卷的内容，明晰有关问题的内涵。问卷调查主要内容如下：

村级层面。村级社会经济情况：包括村的总面积、总户数、总人口、村委会到县政府的距离、全年人均收入、劳动力就业与参保情况、村级拥有大型农机具数量等；村级农地使用决策情况：包括二轮承包以来土地调整情况、农地种植与农地流转是否受村级管制等。

农户层面。农户家庭基本情况：包括家庭人口数量、性别、年龄、婚姻状况、受教育程度、非农就业人数、家庭收入、参保情况等。剔除信息缺失和数据异常等无效样本后，最终得到 1136 个有效样本，占调查总样本的 98.61%。

农地经营情况：包括耕地经营规模、地块数量、地块有无相应使用凭证、地块离家距离、地块质量（高、中、低）、地块的土壤类型（沙土、壤土、黏土）、地块能否灌溉、地块是否平地、地块流转（流转对象、流转合约、流转期限、流转租金）、地块投资及具体经营（种植、投入、产出）情况等。需要说明的是，在调查地块经济情况时，并没有对样本农户的全部地块进行调查，只是在农户 2012 年所种植过小麦、玉米、水稻的地块中随机抽取了 2 个地块（仅有 1 个地块时，就调查 1 个）。将村级问卷的土地调整信息和农户问卷的家庭信息及地块信息相匹配，剔除信息缺失、数据异常、编码匹配不上等无效样本后，就形成了本书所用的数据，共采集了 8 个省 96 个村 962 个农户 2308 个地块信息。从抽样分布（见表 1 - 2）可以看出，种植小麦的样本地块 652 块，主要分布在山东（212 块）、陕西（87 块）、河南（203 块）、甘肃（125 块）和四川（25 块）5 省；种植玉米的样本地块 1118 块，所调查的 8 个省份都有涉及；种植水稻的样本地块 538 块，主要分布在吉林（31 块）、浙江（109 块）、湖南（220 块）和四川（178 块）4 省。

表 1 - 2   地块分布情况

省份	样本数	小麦	玉米	水稻
山东	404	212	192	—
陕西	161	87	74	—
吉林	274	—	243	31
浙江	244	—	69	109
河南	408	203	205	—
甘肃	257	125	132	—
湖南	275	—	55	220
四川	351	25	148	178
合计	2308	652	1118	538

资料来源：中科院农业政策研究中心 2013 年调查。

1.4.3   技术路线

本书的技术路线如图 1 - 1 所示，主要分为以下六个步骤：

第一步，选择研究主题。在我国农地产权制度改革的大背景下，通过文献阅读和政策梳理，选择本书研究的主题，即"产权稳定性对农地流转、投资和产出的影响研究"。

第二步，实地调查及数据收集。首先，围绕研究主题设计村级调查问卷和农户村级问卷。其次，结合研究目标和现实条件，选择研究区域（省、市、县、乡、村）及样本农户。再次，项目组主要成员赴样本区域进行村级问卷和农户问卷的预调研，结合预调研所掌握的现实情况及遇到的问题，对问卷内容进行修改和完善。又次，招募调研队员赴调查研究区域实地调查，采用面对面的问卷调查

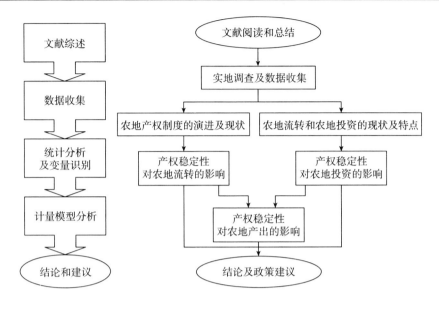

图1-1 技术路线图

方式，并安排专人对调查问卷所填写的内容进行核查。复次，调研完成后，把调查问卷交由数据录入公司进行信息录入并核实。最后，获得本书所用的数据。

第三步，构建本书的理论分析框架。基于农户行为理论、产权理论和制度变迁等理论，遵循"产权稳定性—农户农地流转和投资行为—农地产出"的逻辑主线，梳理"农地产权稳定性—农地资源配置效应—农地产出"和"产权稳定性—农地投资激励效应—农地产出"的作用机制，构建"产权稳定性对农地流转、投资和产出的影响研究"的理论分析框架。

第四步，描述性统计分析。基于政策法规和调研数据，从农地使用权期限、农地使用权确权、农地使用权流转等几个方面梳理农地产权（法律稳定和事实稳定）的政策演变和政策落实情况。基于调研数据，从流转比例、流转对象、流转合同、农地投资比例和投资来源等方面描述农地流转和农地投资的现状和特点。

第五步，计量模型分析。基于理论分析框架，构建计量模型，从农地产权法律稳定和事实稳定两方面分别考察其对农户农地流转、长期投资和产出的影响。

第六步，提炼研究结论并提出政策建议。根据实证研究结果，提炼本书的主要研究结论并据此提出未来农地产权制度改革的方向。

1.5 可能的创新之处

本书在以下几个方面存在着可能的研究特色和创新：

第一，从数据上来看，利用全国大规模实地调查（村级、农户）数据，在同一个分析框架内，对农户农地流转和农地投资行为开展规范、定量实证的研究尚不多见。值得注意的是，从地块层面对农户农地投资行为和农地产出进行分析更为缺乏。

第二，从研究视角上来看，本书立足于产权稳定性角度，通过建立计量经济模型，从产权法律稳定和事实稳定两个维度，深入分析产权稳定性对农地流转和农地投资的影响，进一步分析了其对农地产出的影响，在一定程度上弥补了现有文献缺乏对产权稳定性细分并进行系统性微观实证研究的不足。此外，在控制变量中，加入了对农户决策行为可能有重要影响的农户风险规避变量，现有研究缺少这方面的关注。

第三，从研究方法上来看，本书首先运用数理模型分析产权稳定性对农地流转、投资和产出的影响，然后利用计量经济模型对参数进行估计并进行稳健性验证，所得出的实证结果比较可靠和稳健。

第四，从认知理解和政策含义上来看，本书有助于增进对农地产权制度变迁内涵的理解，同时在一定程度上可以为国家农地制度的改革提供理论支撑和实证依据。

第 2 章　概念界定与理论基础

本章主要就文中所用的重要概念和相关理论进行界定和概述，分为如下三部分：第一部分，对研究过程中所涉及的重要概念进行界定，避免对概念产生理解偏差。第二部分，对文中所借鉴的有关理论进行概述，为后面的实证章节提供指导和理论支撑。第三部分，基于相关理论基础，构建"产权稳定性—农户行为（流转和投资）—农地产出"的理论分析框架，以便更好地理解全文提供的逻辑思路。

2.1　概念界定

2.1.1　农地

由于农地在多个学科都有涉及，因此不同学科对农地的界定有一些差异。一般而言，农地主要包含农用地和农村土地两种主要类型。而我国的法律和相关文件对农用地和农村土地也有不同的表述。1998 年《中华人民共和国土地管理法》（第一章第四条）将农用地界定为直接用于农业生产的土地，具体包括耕地、林地、草地以及养殖水面等。2001 年《全国土地分类》（首行）将农用地限定为直接用于农业生产的耕地、林地、牧草地和其他农用地。2003 年《中华人民共和国农村土地承包法》（第一章第二条）规定，"农村土地指农民集体所有和国家所有依法由农民集体使用的耕地、林地、草地，以及其他依法用于农业的土地"。考虑到本书主要研究的是农地产权稳定性，重点分析的是农地承包经营权，因此主要参考《农村土地承包法》对农村土地的界定，本书中的农地主要指农民集体所有由家庭承包使用的耕地（见表 2 - 1）。

表2-1　农地相关概念界定表

年份	政策和法规	条款	涉及的概念	相关内容
1998	《中华人民共和国土地管理法》	第一章第四条	农用地	直接用于农业生产的土地，包括耕地、林地、草地、农田水利用地、养殖水面等
2001	《全国土地分类》	首行	农用地	直接用于农业生产的土地，包括耕地、林地、园地、牧草地及其他农用地
2003	《中华人民共和国农村土地承包法》	第一章第二条	农村土地	农民集体所有和国家所有依法由农民集体使用的耕地、林地、草地，以及其他依法用于农业的土地

2.1.2　产权稳定性

农地产权反映的是人与农地的关系，是以农地为客体的各项权利（所有权、使用权、收益权、转让权和处分权）的总和（FAO，2004；刘书楷和曲福田，2004；赵阳，2007）。而农地产权稳定性并不是一个固定的概念，也没有统一的定义，有的研究把它等同于农地产权完整性（Sjaastad and Bromley，2000；Arnot et al.，2011）。本书则认为产权稳定性是一个复合的概念，具体指权利人所拥有农地权利在特定时期内的确定状态，即权利人在固定时期内使用农地而不会遭到随机侵犯。

从内容层次来看，产权稳定性至少可以分为法律稳定和事实稳定两个维度[①]（Van Gelder，2009；Ma et al.，2013）。具体而言，农地产权的法律稳定是农地产权的一种法律状态，一般通过国家法律来界定产权，以此表明该农地产权受到国家法律和政策的保护（Van Gelder，2010）。农地产权的事实稳定是基于对产权控制的实际情况对产权进行界定，具体包括所持有权利的类型、时限及行使的确定性（Place and Hazell，1993）。

2.1.3　农地流转

农地流转有广义和狭义之分。广义的农地流转既包括农地权利的流转，又包括农地功能的流转；狭义的农地流转是指权利主体的农地权利部分或全部地从一个主体转移给其他主体的行为，即农地权利的流转。本书中的农地流转一般是指农地承包使用权流转，即拥有农地承包经营权的农户将农地经营权（使用权）

---

① 第1章已说明，产权感知稳定是一种主观判断，会受到法律稳定、事实稳定及个人特征的影响，存在内生和多重共线的问题，因此本书只分析了产权的法律稳定和事实稳定。

转让给其他农户或经济组织。

2.1.4　农地投资

农地投资是指农业经营主体在农业生产过程中以农地为主要载体，为获取农业收入而在农地上进行的劳动力、经营管理和资本等相关要素的投资（投入）。根据农地投资收益回报时间的长短，可以把农地投资划分为农地短期投资（功效在 1 年之内）和农地长期投资（功效超过 1 年）两类（许汉石，2009）。农地短期投资以提高农地产出为主要目的，通常包括劳动力、农药、化肥等投入，这些投资可转移；相反，农地长期投资具有不可转移性，其主要目的在于保护农地的长期生产力，通常包括平整土地、梯田建设、改良土壤、种树、施用石灰及石膏、绿肥种植、有机肥施用、磷肥投入等（Gebremedhin and Swinton，2003；Birungi and Hassan，2010；马贤磊，2010；Abdulai et al.，2011；郜亮亮等，2011；Evansa et al.，2015）。

已有文献针对长期投资的研究较多，一般认为施用有机肥是一种改良土壤质量的长期投资（Jacoby et al.，2002），与其他具有公共支出性质的长期投资（如修渠和打井）相比，施用有机肥是农户自发产生的真实投资行为。因此，多数研究倾向于用有机肥投入作为衡量农地长期投资的指标（郜亮亮等，2011；黄季焜和冀县卿，2012）。借鉴以上研究，本书所关注的农地投资主要是指以保护农地生产力为主要目的的长期投资，重点研究有机肥施用。此外，考虑到用有机肥施用作为农地长期投资行为的识别变量可能存在代表性不足的情况，本书还使用农户农田基本建设投资变量进行了比较分析，相关分析情况见附录Ⅱ。

2.2　理论基础

2.2.1　农户行为理论

农户进行农业生产的主要目标是在一定的社会环境下追求自身利益最大化。具体而言，农户会根据客观环境的变化采取一系列调节（适应）措施，以达到利益最大化的目的，而要分析农户农业生产变化行为，必须要了解农户行为理论，才能理解农户的行为动机。围绕农户的行为动机，众多学者开展了相关研究，取得了较为丰富的研究成果，并形成了完善的理论体系。从主流观点来看，根据不同时代背景下农户的行为动机，可以把农户行为理论分为以恰亚诺夫为代表的"生存小农"（道义小农）、以舒尔茨为代表的"理性小农"（盈利小农）和以黄宗智为代表的"综合小农"三大学派。

2.2.1.1 生存小农

苏联经济学家 A. 恰亚诺夫是生存小农理论的代表，他在《农民经济组织》一书中，全面阐述了生存小农的思想。他认为，在农业生产高度自给的社会，农户家庭经营主要依靠的是家庭劳动力，而不像资本主义企业主要依靠雇佣劳动力；农户生产产品主要是为了满足农户家庭的自给需求，而不像资本主义企业为了追求市场利润最大化。主要原因是，农户的劳动和产出密不可分，而投入无法像支付工资那样计算成本，因此农户在追求最大化时不是衡量成本和利润，而是衡量劳动本身的辛苦程度和自家消费需求。

匈牙利经济学家卡尔·波拉尼在恰亚诺夫的基础上提出，要用"实体经济学"取代"形式经济学"来分析资本主义市场出现之前的经济，他在《大转型：我们时代的政治与经济起源》一书中尖锐地指出，资本主义经济学以自由竞争市场的存在为基本前提，社会关系嵌入在经济行为中，而在资本主义市场出现之前的社会，经济行为嵌入在社会关系中，用资本主义经济学（形式经济学）来研究小农行为实际上背离了农业和农村的真实现状。

美国经济学家詹姆斯·斯科特秉承了恰亚诺夫和波拉尼生存小农的理论，并在此基础上提出了"道义经济学"的概念。在他看来，"避免风险"和"安全第一"的生存伦理是支配农户一切经济行为的基本准则。他用生存伦理分析了 20 世纪 30 年代东南亚农村地区农民的经济社会活动，发现生存伦理对贫困的农民和佃户很适用，他们饱受剥削处在生存线的边缘，不关心新古典主义经济学所强调的利润最大化，而是关心如何避免风险确保家庭成员能够基本得以生存。

2.2.1.2 理性小农

美国经济学家西奥多·舒尔茨是理性小农理论的代表。他沿用"形式经济学"对人的假设，认为在竞争的市场机制中，传统小农的经济行为和西方社会一般人想象的不一样，他们不是"没有理性"和"懒惰愚昧"的代名词，他们有理性、有进取精神和资本主义企业家一样，对市场刺激有正常的反应，会根据成本和收益在生产上进行调节和配置。小农的经济行为符合帕累托最优原则，其目标也是追求利润最大化。他的这一思想在其代表作《改造传统农业》中得到全面阐述。

另一位经济学家萨姆尔·波普金沿袭了舒尔茨的理论，他认为小农是理性的，小农会在权衡风险和利益之后，为追求家庭福利最大化而做出理性选择。波普金在《理性的农民：越南农村社会政治经济学》一书中指出，越南的农民是理性的，他们为了追求利润最大化会相互进行竞争，然后根据自身价值观判断做出能实现利润最大化的选择。

2.2.1.3 综合小农

以黄宗智为代表的综合小农学派认为，中国的农民既不完全是恰亚诺夫学派所强调的生存小农，也不仅是舒尔茨学派所认为的理性小农，而是恰亚诺夫学派和舒尔茨学派的综合体，即为综合小农。恰亚诺夫学派和舒尔茨学派的理论只反映了小农这个综合体的某个侧面。他深入分析了恰亚诺夫和舒尔茨的研究结果后，指出农户家庭因为剩余劳动力过多且缺少就业转移机会，导致劳动的机会成本几乎可以忽略，所以才会在边际报酬很低的情况下继续在土地上投入劳动进行生产。同时他在《华北的小农经济与社会变迁》和《长江三角洲小农家庭与乡村发展》这两本书中对综合小农的观点进行了深入的阐述。他以长江三角洲和华北平原为例，研究发现中国小农在维持生计的同时还追求利润最大化，另外指出了中国农业存在着"过密化"[①] 的问题，是没有发展的增长。

黄宗智的综合小农理论得到了中国一些学者的支持。如凌鹏（2007）指出，小农的经营模式不能简单地套用"生存小农"和"理性小农"的理论，应具体分析各个阶层农民的行为。他认为底层农户是规避风险维持生计的生存小农，而中上层的农户则是追求最大利润的理性小农。方行（2004）的研究认为，中国近代前几个世纪的小农经济都是自然经济和商品经济相结合的经济模式。农民为追求温饱，大多选择自给性生产与商品性生产相结合的多种经营模式。大部分地区的农民既种植粮食，又种植经济作物，并按照交换价值的比较利益选择种植的品种。他们种粮食是为了保障家庭口粮，种植经济作物是为了赚取货币购买维持家庭生活的其他生产资料。他们并不是不想发财致富，只是很难办到，而江南的部分农民为了追求市场利益选择种棉织布，收益大大提高。

生存小农、理性小农和综合小农的理论对研究中国当代农户行为有重要的启发意义，但这些理论所依据的条件不符合当前中国农村和农业的现状。此外，这些理论所研究的小农也是具有不同含义的小农。具体而言，生存小农理论形成于20 世纪20 ~ 30 年代，研究对象主要是十月革命前俄国的小农，这里的小农是处

---

① 过密化的原因是农户家庭不能解雇多余的劳动力，多余的劳动力会继续依附于小农经济。

于非市场化状态下的农民。理性小农理论形成于 20 世纪六七十年代，研究对象主要是 19 世纪中期以来东南亚的小农，这里的小农是处于完全市场化状态的农民。综合小农理论主要形成于改革开放前，部分延伸到 1985 年，研究对象主要是中国 20 世纪 30～70 年代的小农（徐勇和邓大才，2006）。也许以上理论能够用来分析新中国成立以前甚至 1985 年之前某些类型农户的经济行为，但 1985 年以后中国已开始进行城市经济体制改革，20 世纪 90 年代开始农产品市场化改革，逐步建立农产品市场调节机制，在流通领域实行合同定购与市场收购的"双轨制"模式。2006 年国家又全面取消了农业税，大大降低了农民的负担。同时随着工业化城镇化的推进，大量农村劳动力向城市转移，中国社会已进入加速转型时期。当代的农民不同于传统的小农，其经济行为的约束条件已随着中国社会经济的发展发生了巨大的改变，其已转变或正在转变为市场化、社会化的小农。因此研究当代农户的经济行为，必须要基于当代新的宏观背景，必须要有独特的分析逻辑。

2.2.2 产权理论

2.2.2.1 产权的概念

《大不列颠百科全书》中指出，产权不仅是法定权利的客体（财产），而且是人对物的法律关系的综合（所有权把占有和财富相结合）。阿尔钦在《新帕尔格雷夫经济学大词典》中提出，产权是法律明确规定的对各种经济物品的用途进行选取的一种权利。而产权经济学家根据他们研究的出发点对产权的定义提出了不同的观点，主要有两种观点。第一种观点认为，产权是人对法定权利的客体（财产）使用的一个权利束。如巴泽尔在《产权的经济分析》一书中提出，个人消费某些资产获得这类资产的收入或让渡资产的权利从而构成对这些资产的产权。德姆塞茨认为，产权包括本人或他人（以特定的形式执行）受益或受损的权利，它是一种社会工具。柯武刚和史漫飞在《制度经济学——社会秩序和公共政策》一书中也指出产权是财产受保护的一组权利，它决定人们在财产使用上的权利和义务。第二种观点认为产权不是人和物之间的关系，而是人和人之间的一种基本关系，这种关系是由人对物的使用所引起的。如菲吕博腾和配杰威齐提出，产权是由于稀缺物品的存在及使用它们所引起的人与人之间的关系。斯韦托扎尔·平乔维奇在《产权经济学——一种关于比较体制的理论》一书中也表达相似的观点。结合以上观点，可以发现学者对产权概念的界定存在一些共识：第一，产权不是人与物的关系，而是由于稀缺物品的存在及使用它们所引起的人与人之间的一种基本关系；第二，产权不是某一个权利，更不能等同于所有权，而是一组权利束。

2.2.2.2　产权的构成

既然产权是一组权利束，那么到底是由哪些权利组成？《牛津法律大词典》从法律的角度指出，产权包括占有权、使用权、转让权、消费权、出借权以及其他与财产相关的权利。产权经济学家也对权利束进行了划分，如埃格特森在《新制度经济学》一书中指出，产权应包括使用者权利、从资产中获取收入及和他人签订契约的权利、永久转让资产所有权的权利三项权利。阿贝尔则认为产权包括所有权、使用权、管理权、转让权、分享剩余收益的权利、对资本（改造和毁坏）的权利、安全的权利、重新获得的权利及其他权利等。虽然学者对权利束的划分有所区别，但可以看出产权包括所有权、使用权、用益权和转让（让渡）权这四项基本权利。具体而言，所有权是指产权主体依法把产权客体当作专有物的权利，其具有排他性、绝对性、永续性等特征。使用权是指产权主体使用产权客体的权利。用益权是指获得资产（财产）收益的权利。转让权是指以一定价格将部分权利转让给他人的权利。

2.2.2.3　产权的属性

排他性。排他性是产权发挥激励作用的前提，它不仅意味着其他人不能从资产使用中获益，而且意味着产权所有者要对资产使用的各类成本全权负责。只有产权具备排他性时，资产使用所获得的收益以及资产使用所产生的成本才有可能被内在化，从而产生激励或约束，进一步直接影响产权所有者的决策行为。尽管产权具有排他性，但其也会受到限制造成产权残缺。这种限制主要有以下三种可能：一是资产的本质发生改变；二是资产的所有权已经转让给他人；三是国家层面的强制限制。

可分割性。可分割意味着产权能被分解，即拥有产权的所有者可以将产权所包含的各项权利分解给不同的主体使用，而产权作为一组权利束，为其所包括的各项权利分解提供了前提。产权的这种分割性有利于不同需求的群体将其某类性质的资产投入到他们所认为最有价值（最适合）的用途上，从而增加资产的有用性。但是，资产的所有者依旧对资产的所有权负责。

可转让性。转让性主要是指产权所分解出来的相关权利可以在不同的主体之间进行转让。这种转让包含两种形式：一是买卖，主要是指产权所有者所享有的所有权利（含所有权）永久性让渡给他人；二是租赁，主要是指产权所有者把所享有的部分权利暂时性让渡给他人。

稳定性。为了使产权的作用得到有效发挥，产权还必须具备稳定性。一旦产权不能保障人们使用某种资源的权利，那么其所预期的净收益也得不到保护，人们就会失去创造净收益的激励，从而改变资源利用的方式甚至有可能放弃使用该资源。稳定的产权应至少满足以下三个条件：一是产权的界定明晰；二是产权的属性完备；三是产权的有效保护。

2.2.2.4 产权的功能

激励和约束功能。从利益关系的角度来说，产权若没有受到威胁，会减少人们对未来预期收益的不确定性，希望获得资产的人数就会变多，生产性资产的价值就会大大增加。正是因为产权稳定，稳定了人们对未来获取利益的预期，从而产生激励功能，激发产权主体或当事人从事经济活动的内在动力。而约束实际是一种负激励，从责任关系的角度来说，产权的约束功能主要体现在界定产权时，要明确当事人的责任，使他知晓越过权利边界后所要付出的代价。

外部性内在化功能。德姆塞茨在《关于产权的理论》一书中指出产权对实现外部性较大地内在化有重要作用。昂贵的交易费用产生了大量的外部性，产权经济学家认为通过产权谈判和界定可以实现外部性问题内在化，若内在化成本小于内在化所得，产权的发展就会有利于实现外部性内在化，从而激发当事人从事经济活动的努力程度。

资源配置功能。交易中所包含的产权束决定了物品之间的交换价值，而这种产权束必然会进入决策者的效用函数，从而进一步影响人们的行为。因此，随着产权制度的变迁，产权束中的子集会发生变化，产权会被重新安排，最终影响资源配置及收入分配等。

2.2.3 制度变迁理论

诺斯在《经济史中的结构与变迁》一文中指出，制度是一系列对行为主体追求福利和效用最大化施加约束的正式或非正式的规则（程序和行为准则）的集合。它包含制度环境和制度安排两个方面。制度环境是社会中所有制度的集合，包括一系列政治、经济、社会和法律基本规则。而制度安排则是在一定制度环境中形成的，支配经济单位之间（经济秩序）合作或竞争方式的一种安排。学者在分析制度变迁时，一般假设制度环境是外生不变的，所以本书中的制度变迁主要指制度安排的变迁。

制度变迁是制度创建、变更及随着时间推移最终被打破的方式。它包含两个层面的意思：一是新的制度如何产生；二是新的制度如何替代（接轨）旧的制度。从历史的角度看，制度是一个从产生到发展再到灭亡的过程，而制度变迁就是新制度代替原制度的过程。之所以会出现制度变迁，主要是因为市场规模、技术、收入预期或者政治游戏规则等外生性变化使得某些群体有可能获得潜在利润从而增加收入，但由于现存安排结构内的政治压力、外部性、规模经济、风险和交易费用等导致潜在利润不能内部化，而只有经过创新的制度安排才可能使这些群体获得潜在利润。如果这类群体通过认知时滞把目标调整到成本小于利润的情况，就会获得潜在利润。反之，他们就可能会修改旧的制度安排。

虽然外部利润的存在为新制度替代旧制度提供了动力源泉，但是制度变迁的方式是不同的。从制度变迁的主体类型来看，可以划分为诱致性制度变迁和强制性制度变迁两种。其中，诱致性制度变迁主要是指由个人或一个群体在追求潜在利润时自发倡导、组织和实行而导致的制度变迁。强制性制度变迁是由政府通过发布命令或引入法律最后付诸实施而引起的制度变迁。这两种变迁方式存在以下几点不同：首先，从变迁的主体来看，诱致性制度变迁的主体多数是个人或某一群体，而强制性制度变迁的主体是国家政府。其次，从改革程序来看，诱致性制度变迁自下而上由外及里，而强制性制度变迁则相反。最后，从制度变迁的性质来看，诱致性制度变迁具有渐进性质，而强制性制度变迁具有激进性质。

结合本书的研究内容，本书在后面的章节将基于制度变迁角度，以农地产权为例，深入分析中国农地产权制度是如何演进的。

2.2.4 地租理论

在资本主义制度发展早期，西方古典经济学家威廉·配第、亚当·斯密和大卫·李嘉图等就对地租理论进行了研究，学界称他们的研究成果为西方古典地租理论。威廉·配第在 1662 年出版的《赋税论》一书中指出，地租是劳动者在土地上生产劳动产品所得的剩余产物。亚当·斯密在其 1776 年出版的《国民财富的性质和原因的研究》中提出，地租是其他阶级使用土地而支付给地主阶级的价格。他在一定程度上肯定了地租为劳动产品，同时承认了绝对地租的存在。大卫·李嘉图则否认有绝对地租，他提出了级差地租的理论，并在其名著《政治经济学与赋税原理》中对级差地租理论进行了阐述。其认为，由于土地的有限性、土地位置的差异和土地肥沃程度的不同导致地租也不同。

马克思和恩格斯在西方古典地租理论的基础上进行了批判、继承和吸收，创立了科学的马克思主义地租理论。马克思在巨著《资本论》中对地租问题进行了系统性研究，指出地租的本质是土地经济关系的表现，都是土地所有权在经济上的体现，并把资本主义地租归纳为资本主义级差地租、资本主义绝对地租和资本主义垄断地租。马克思认为，资本主义级差地租是经营条件较好土地而获得的并归土地所有者占有的那部分超额利润。级差地租按照形成条件的不同还可以分为级差地租Ⅰ和级差地租Ⅱ两种形态。级差地租Ⅰ的形成主要是相等面积的不同地块由于土地位置或土地肥力的差异，产生超额利润最后转化为地租，而级差地租Ⅱ的形成主要是因为个人在同一个地块上连续追加投资造成劳动生产率的不同，进而产生超额利润，最后转化为地租。级差地租Ⅰ和级差地租Ⅱ虽然表现形式不同，但本质都是一致的。因为它们都是由超额利润（个人和社会生产价格的差额）转化而来的，且级差地租Ⅰ是级差地租Ⅱ的前提和基础。在资本主义土地私有制的前提下，这种由于土地所有权的垄断，不管租种什么类型（等级）的土地都必须缴纳相应的地租，这就是绝对地租。其来源于生产价格与农业产品价值之间的差额。垄断地租则是由于某些地块具有特殊的自然环境，使得这类地块生产出来的产品有垄断价格，进而带来超额利润最后转化为垄断地租。

那么，回到本书的研究中，我国是社会主义土地公有制，能否用马克思主义的地租理论研究社会主义的地租问题？答案是肯定的。社会主义虽然不存在垄断地租，但存在级差地租和绝对地租。就级差地租而言，马克思主义地租理论认为，由于土地位置或土地肥力的差异以及连续追加投资造成劳动生产率的不同而产生级差地租。在社会主义制度下，同样具备产生级差地租的条件：首先，从土地位置来看，不同地块距离城市的距离以及交通便利程度当然有所不同；其次，从土地质量来看，据国土资源部数据显示，截至2016年末，我国耕地面积为20.24亿亩，其中中等和低等地占全国耕地的比重高达70.5%，显然农地的质量不是均等的；最后，从劳动生产率来看，我国人多地少的国情决定了我国必须走农业集约经营的道路，在耕地数量面积有限的情况下，只能加大对农地的投资，这种投资必然存在劳动生产率的差异。虽然，社会主义级差地租和资本主义级差地租形成的物质条件有所相似，但是其本质（所反映的经济关系）有很大差异。资本主义级差地租反映的是在资本主义土地私有制下，土地所有者与租地资本家和雇佣工人之间的阶级对抗关系，而社会主义级差地租反映的是土地所有者（国家与集体）和使用者（企业或个人）之间对超额利润的分配关系。具体来讲，在土地国有制下，级差地租Ⅰ应全归国家所有，因为国家拥有土地的所有权；级差地租Ⅱ主要归企业（个人）所有，国家享有部分，虽然租期内企业（个人）进行了投资和建设，但在其形成初期国家也可能进行了市政建设等投资。而在土地集体所有制下，土地集体所有，级差地租Ⅰ应全归集体所有，级差地租Ⅱ主要归个人（承包户）所有，集体和国家享有部分，同样虽然在承包期内个人（承包户）进行了投资和建设，但在其形成初期国家和集体也可能进行了改良土壤和兴修水利等投资。就绝对地租而言，目前中国农业生产水平依旧较低，等量资本农业部门需雇佣更多的劳动力，因而创造的价值更多也更大。因农业资本的有机构成低于工业部门，导致农业产品的价值也大大高于社会生产价格，产生超额利润。此外，绝对地租必须以土地所有权和使用权分离为前提。在中国，由于土地所有权的差异，使得土地"两权分离"也有所不同。具体而言，国家所有的土地主要以划拨、出让或出租等形式给单位（个人）经营使用，集体所有土地主要承包给农户经营使用，少部分租赁给单位（个人）经营使用。一般情况下，土地不会无偿使用，所以绝对地租也是存在的。

综上，本书主要研究的是在土地集体所有制条件下农户的农地流转和农地投资行为，因此级差地租Ⅰ全归集体所有，级差地租Ⅱ主要归个人（承包户）所有，集体和国家享有部分，这为本书奠定了理论基础，对促进农地承包经营权流转市场发展和实现农地资源优化配置有极其重要的作用。

2.3　理论分析框架

2.3.1　产权稳定性与农地流转

产权稳定性对农户农地流转行为的影响主要表现在：产权稳定性会降低农地流转的交易费用，进而激励更多的农户参与到农地流转市场中。这里的交易费用主要包括农地转出后的失地风险以及农地转入时农户与村级组织打交道时所产生的信息成本和谈判签约成本等。

具体而言，假定农地流转市场是一个完全竞争市场，农户农地流转的边际净收益为 MR，单位农地流转的均衡价格是 P_L，MR 与 P_L 相交于均衡点 E，在产权稳定的情况下，农地转入方和转出方的行为主要依据的是农地流转的价格，此时农户农地经营的最优规模为 $L*$。当产权不稳定时，会造成农地产权的残缺，从而增加农地流转的交易费用。假设交易费用（C）分别由农地转入方（C_1）和农地转出方（C_2）分别承担，$C = C_1 + C_2$。对农地转入方而言（见图 2 - 1 左侧），其预期的交易价格由 P_L 上升至 $P_L + C_1$，均衡点由 E 点移动到 E_1 点，此时理性的农地转入方所愿意租种的农地面积将从 $L_0^D L^*$ 减少到 $L_0^D L_1^D$；而对农地转出方来说（见图 2 - 1 右侧），农户转出农地所获得的边际收益由 P_L 下降至 $P_L - C_2$，均衡点由 E 点移动到 E_2 点，从节约成本的角度出发，农地转出方将会把流转面积从 $L^* L_0^S$ 减少到 $L_1^S L_0^S$。显然，产权不稳定增加了农地流转的交易费用，对农户的农地供求行为具有抑制作用。

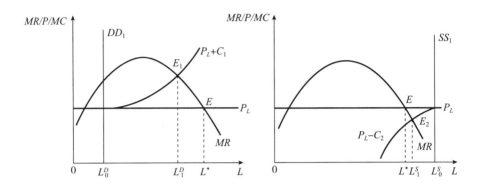

图 2 - 1　农地经营面积

2.3.2　产权稳定性与农地投资

产权是一种特殊的社会工具，是个人收益和受损的一组权利束，一般是由使用权、收益权和交易权组成（埃格特森，2004），其对个人的经济决策动机和行为选择具有重要的影响。具体到中国农村土地问题，农地产权反映人与农地的关系，是以农地为客体的各项权利（所有权、使用权、收益权、处分权、转让权和抵押权）的总和（赵阳，2007）。

从产权构成的子集来看，农地产权稳定性对农户长期投资行为的影响表现在以下三个方面：第一，从使用权稳定角度来看，稳定的农地使用权可以起到一种"保证效应"，保障投资者的成果和收益不会被他人占有和侵犯，从而激励权利主体对农地进行投资。否则，若农地产权不稳定，投资者现期投资只能预期在未来实现市场价值中获取部分收益，将损害投资者对农地投资的信心，从而进一步影响其未来对农地的投资行为，部分投资者甚至在最初就会选择不对农地进行投资（Jacoby et al., 2002; Banerjee and Ghatak, 2004; Goldstein and Udry, 2008）。第二，从转让权稳定角度来看，农地转让权稳定可以起到一种"交易效应"。农户可以通过农地流转市场把部分农地或者所有农地转出，让农地流转到有能力投资的经营主体手中，达到帕累托效率改进，从而优化农地资源配置（Deininger and Jin，2006）。第三，从抵押权稳定角度来看，农地抵押权稳定可以起到一种"信贷效应"。农户为扩展信用，将农地作为抵押品抵押给金融机构，从而获取信贷，增加农地投资（Feder and Feeny，1991；Feder and Nishio，1998；李体欣等，2011）。

2.3.3 产权稳定性与农地产出

产权稳定性对农地产出的影响可以通过两种作用机制实现。第一种作用机制："产权稳定性—农地资源配置效应—农地产出"，正如前文所述，农地产权稳定会降低农地交易成本、影响农地市场交易价格预期从而激发农户农地经营的积极性，刺激更多的农户参与农地流转市场，而农地流转市场的健康发展能够把农地从产出较低的农户手中流转到产出较高（有能力）的农户手中，实现农地资源的优化配置，一方面实现了边际产出拉平效益，另一方面可能会产生农地规模经营效应，最终提高了农地总产出。第二种作用机制："产权稳定性—农地投资激励效应—农地产出"，根据前面的分析，农地产权稳定性可以对农户投资行为起到"保证效应"、"交易效应"和"信贷效应"，从而可能激励农户对农地进行投资。而农业产出主要依靠生产要素的投入，而农地作为主要的生产要素，对农地进行有效投资，最终也应影响农地产出。

综上所述，农地产权稳定一方面会降低农地交易成本、影响农地市场交易价格预期从而激发农户农地经营的积极性，进而影响农户的农地流转行为，另一方面会对农户的农地投资行为起到"保证效应"、"交易效应"和"信贷效应"，激励农户对农地进行投资，从而产生农地资源配置效应和农地投资激励效应，最终可能影响农地产出。相关理论分析框架如图 2 - 2 所示。

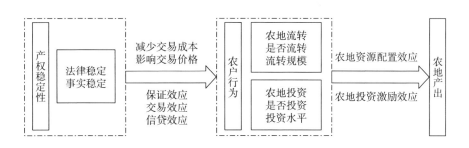

图 2 - 2 理论分析框架

第 3 章 改革开放以来农地产权制度的演进及现状

沿袭前面章节对产权稳定性概念的界定，本章主要从法律稳定和事实稳定两个层面对农地产权稳定性进行系统性回顾和分析，分为两个部分：第一部分，从农地所有权、使用权、收益权和处分权几个层面对国家出台用以保障农地产权法律稳定的相关法律法规进行梳理。第二部分，利用全国 8 省的实地调查数据，描述农地产权事实稳定的现状（相关政策的落实情况）。

3.1 农地产权法律稳定

这一部分主要从农地所有权、使用权、收益权和处分权几个层面对国家出台的有关土地利用的法律法规进行回顾。其中，在对农地使用权的有关法律法规进行回顾时，将从农地使用权期限、农地调整和农地确权三个角度进行展开。

3.1.1 农地所有权

家庭联产承包责任制的实施打破了人民公社时期（1958～1978 年）农地归"三级"① 所有的现状（农地所有权归人民公社）。1982 年《宪法》规定集体享有农地所有权，但是并没有对集体做出解释。然而，由于建立乡政府实行政社分离（1982 年），宪法所规定的集体已不再是人民公社内部集体，在实际情况中，农地所有权基本上归村集体经济组织和村委会所有。到家庭联产承包责任制完善期（1984～1995 年），1986 年《中华人民共和国土地管理法》和 1987 年《民法

---

① 1958 年规定"三级所有，社为基础"，1959～1961 年改为"三级所有，生产大队为基础"，1962 年改为"三级所有，以生产队为基础"。

通则》虽然进一步明确农地产权归集体所有，但是集体的实践主体到底是谁？文件规定，可能是村农业生产合作社或村民委员会，也可能是乡镇农民集体经济组织，还可能是各个农业集体经济组织的农民集体。到家庭联产承包责任制深化改革期（1995 年至今），2007 年《中华人民共和国物权法》规定农地所有权归本集体成员所有。而自 2010 年开始，国家多个中央一号文件规定，要求对农村集体土地所有权证确认（权）。相关政策情况见附录 I 附表 1。

3.1.2 农地使用权

3.1.2.1 农地使用权期限

家庭联产承包责任制实施初期，农地使用权期限只有 2~3 年，随后国家政策强调延长土地承包期，农地使用权在第一轮土地承包中被延长到 15 年，在第二轮土地承包中被延长到 30 年，从 2008 年以来，国家政策强调现有土地承包关系长久不变。

在家庭联产承包责任制实施初期（1978~1984 年），虽然 1982 年的中央一号文件《全国农村工作会议纪要》正式肯定了包产到户的合法性，但是农地使用权期限只有 2~3 年。随着国家逐步减少对农地生产计划的干预，国家开始出台相关政策逐渐强调延长农地承包期，农地使用权期限在第一轮土地承包中被延长到 15 年（1984 年中央一号文件）。到家庭联产承包责任制完善期（1984~1995 年），国家为稳定农民农地承包关系，深化家庭承包经营制度，农地使用权期限被进一步延长。1993 年中央 11 号文件[①]规定，第一轮土地承包期到期后，将农地使用权期限延长到 30 年，赋予了农民更长期的土地使用权。到家庭联产承包责任制深化改革期（1995 年至今），国家出台了相关法律将农地承包期 30 年提高到法律层面上进行保障。如《中华人民共和国土地管理法》（1998 年）第二章第十四条、《中华人民共和国农村土地承包法》（2003 年）第二章第二十条和《中华人民共和国物权法》（2007 年）第一百二十六条都明确规定了在第一轮农地承包期届满后，继续由农地承包经营权人依法承包，第二轮农地承包期延长为 30 年，农民所享有的农地使用权受法律保护。随后又出台了相关政策，进一步强调"现有土地承包关系稳定并长久不变"并要求"抓紧研究、明确和落实长久不变的具体实现形式"。这在《推进农村改革发展若干重大问题的决定》(2008 年)、《关于 2009 年促进农业稳定发展农民持续增收的若干意见》（2009

---

① 《关于当前农业和农村经济发展的若干政策措施》。

年）、《关于全面深化农村改革加快推进农业现代化的若干意见》（2014 年）、《关于加大改革创新力度加快农业现代化建设的若干意见》（2015 年）和 2018 年《中共中央国务院关于实施乡村振兴战略的意见》等中央多个一号文件中都有体现。相关政策情况见附录 I 附表 2。

3.1.2.2 农地调整

从初期的频繁调整，到坚持"大稳定，小调整"的原则，经过充分商量，由集体统一调整，再到明确禁止对农地进行大调整，并严格限制小调整。

在家庭联产承包责任制实施初期，由于农地使用权期限只有 2～3 年，所以农地调整的现象较为频繁。1984 年《一九八四年农村工作的通知》要求本着"大稳定，小调整"的原则，由村集体对村内的农地进行统一调整。到家庭联产承包责任制完善期，为保障农民拥有长期且有保障的农地使用权，国家开始逐步禁止对农地进行大调整，并严格限制小调整。如《关于当前农业和农村经济发展的若干政策措施》（1993 年）和《关于稳定和完善土地承包关系意见的通知》（1995 年）明确规定，提倡在第一轮土地承包期间实行"增人不增地，减人不减地"，但同时也撕开了一道口子，即允许在某些特殊的地方，为解决困难农户（家庭人口增加、无法解决就业）生计问题或为达到适度规模经营的目的，允许该区域按照"大稳定、小调整"的原则对农地进行调整，但是必须经过充分商量征得集体经济组织内部大多数农民同意。到家庭联产承包责任制深化改革期，开始明确规定禁止大调整，并对小调整进行了明确的规定。如 1997 年《关于进一步稳定和完善农村土地承包关系的通知》强调，在土地承包经营期限内发包方不得对承包地进行大调整，同时限定只能对人地矛盾特别突出的少数农户进行小调整。1998 年《土地管理法》（第十四条）、2002 年《农村土地承包法》（第二十七条）和 2007 年《物权法》（第一百三十条和第一百三十一条）更是将禁止大调整和严格限制小调整上升到法律层面进行明确规定。为确保国家法律的严格执行，2007 年出台相关文件①进一步要求，将在全国范围内检查农地调整的情况并依法进行纠正。此后，2008 年和 2009 年的中央一号文件再次强调，在农地承包期间不得对承包地进行调整和收回。2016 年印发并实施的《关于完善农村土地所有权承包权经营权分置办法的意见》，又明确要求要完善农民集体对农地的相关权能，在特殊情况下对农地进行依法调整。相关政策情况见附录 I 附表 3。

---

① 《关于开展全国农村土地突出问题专项治理的通知》。

3.1.2.3　农地确权

从初期的农户和集体签订农地承包合同，到给农户发放农地承包经营权证书，再到全国范围内进行农地确权、登记和颁证，给农民吃上"定心丸"，逐步深化农地制度改革，最终达到摸清"家底"、增加农地权能、解决农地承包纠纷、保障农民权益，加快推进现代农业发展的目的。

从一开始分田到户国家就规定农地发包时集体要与农民签订农地承包合同，如《全国农村工作会议纪要》（1982 年）和《关于一九八四年农村工作的通知》（1984 年）规定，在农地承包期间，必须用合同的形式把生产队与农户的关系、权利和义务确定下来；地区性合作经济组织为农户服务的首要工作就是做好农地承包合同管理。虽然要求签订农地承包合同，但合同的随意性较大，农地承包的期限、合同标的、权利与义务以及相关违约责任等都没有做出明确的规定。随着家庭联产承包责任制的推进和完善，国家对农地承包的合同也有了明确的规定。1997 年发布了《进一步稳定和完善农村土地承包关系的通知》，相关部门要向承包农户发放土地承包经营权证书。《土地管理法》和《农村土地承包法》明确规定，农地承包方必须和发包方签订书面的农地承包合同，对所享有的权利和需履行的义务进行约定，并受法律保护；同时有关主管部门应当向农地承包方颁发土地承包经营权证书，确认农户的土地承包权。2003 年颁布的《农村土地承包经营权证管理办法》进一步强调，土地承包经营权证是农户享有土地承包经营权的法律凭证，土地承包经营权证上所注明的权利的有效日期应和土地承包合同所约定的日期一致。此外，为了确保农地承包权证的落实情况，2007 年发布的《关于开展全国农村土地突出问题专项治理的通知》明确要求"2007 年底农地承包经营权证到户率要达到 90% 以上"。

为了进一步加强土地承包管理工作，国家层面从 2008 年起，逐步出台了一系列文件要求加快建立土地承包经营权登记制度。同年，《中共中央关于推进农村改革发展若干重大问题的决定》提出，"搞好农村土地确权、登记、颁证工作"。此后，中央多个一号文件均对农村土地确权工作做出重要指示。2010 年、2011 年和 2012 年的一号文件都提出，要查清承包地块面积和空间位置，稳步扩大农村土地承包经营权登记试点，并从财政方面保障确权登记颁证工作必要的经费。在此基础上，2013 ~ 2018 年又出台了相关文件对确权登记颁证工作提出了新的要求：一是在全国范围内全面开展确权登记颁证工作，扩大全省推进试点，计划到 2018 年底基本完成确权工作；二是要确地到户，可以确权确地，也可以确权确股不确地，但是必须从严掌握确权确股不确地的范围；三是充分依靠群众智慧，通过自主协商的方式妥善解决承包地面积不准等问题。相关政策情况见附录 I 附表 4。

3.1.3　农地收益权

本书中的农地收益权主要指行为主体凭借对农地所拥有的权利获取法定的和天然的收益的权利。

从农地收益权来看，分田到户虽然让农民都获得了最基本的生产资料（农地），但此时农民必须在集体统一规划和安排的前提下进行农业生产活动，因而农民基本上不享有农地自主经营的权利，在收益权配制方面只有"交足国家的，留足集体的"，剩余的才是农民自己的。如 1982 年和 1984 年的中央一号文件明确规定，社员承包集体所有的耕地都必须服从集体统一安排，农副产品统派购任务要在生产前与农民签订合同，落实到生产单位。这一时期仍然是国家以未完全退出的统购统销制度和农业税收制度来行使农地收益权。

1984 年后，国家不再对农民下达农产品（个别产品除外）统购派购任务（1985 年中央一号文件《关于进一步活跃农村经济的十项政策》），农民生产经营自主权得到一定的释放，农民一方面可以通过农产品市场买卖获得相应的收益，另一方面可以通过生产要素市场（以市场价格信号为导向对农业生产资源进行重新配置）获取收益①。进入 21 世纪以来，有关农地的法律法规中更加强调了对农户自主经营权的尊重和农地收益权的保障。如《农村土地承包法》（2003 年）规定，农地承包方享有生产经营自主权且有权处置生产的产品。2005 年中央一号文件规定，保障外出务工农民（农民工）的经营自主权。同年出台《关于废止中华人民共和国农业税条例的决定》，取消农业税，在一定程度上表明农地收益权已完全归农民所独享。2016 年《关于完善农村土地所有权承包权经营权分置办法的意见》又再一次规定，农地承包户依法享有自主组织生产经营和处置产品并获得收益的权利。相关政策情况见附录 I 附表 5。

3.1.4　农地处分权

本书中的农地处分权主要指行为主体对农地进行处置的能力。根据处置时间上和空间上的不同，可以把农地处分权细分为农地流转权和农地抵押权。这里，

---

① 《农民承担费用和劳务管理条例》和《农业法》的出台，使得提留形式获取收益的现象一去不复返。

我们主要分析农地流转权。

1978 年开始，中国的农地制度向家庭联产承包责任制转变，土地的所有权和承包经营权分离，农村土地的流转成为可能，这个阶段又可划分为：明令禁止时期（1978～1983 年）、政策允许和法律确认时期（1984～1993 年）、缓慢发展时期（1994～2002 年）、逐步规范化发展时期（2003～2007 年）和快速发展时期（2008 年至今）五个时期。

第一为明令禁止时期（1978～1983 年）。在家庭联产承包责任制实施初期，中央就出台有关文件明确要求农户的承包地不允许转让、出租和买卖（1982 年中央一号文件）。同时，《宪法》（1982 年）也明确规定不允许出租和买卖农地。

第二为政策允许和法律确认时期（1984～1993 年）。从 1984 年起，国家开始出台相关政策和法律文件允许土地经营权流转。《一九八四年农村工作的通知》（1984 年）、《关于审理农村承包合同纠纷案件若干问题的意见》（1986 年）和《把农村改革引向深入》（1987 年）都明确规定在发包人同意的前提下可以将承包地转包或转让。到 1988 年，《中华人民共和国宪法（修正案）》对农地流转的有关规定，更是将允许农地使用权流转上升到法律层面予以保护。此后，1993 年中央一号文件和《建立社会主义市场经济体制若干问题的决定》进一步提出，允许农地使用权有偿转让。

第三为缓慢发展时期（1994～2002 年）。这一时期中央出台了多个文件，如《关于稳定和完善土地承包关系的意见》（1994 年）和《关于进一步稳定和完善农村土地承包关系的通知》（1997 年），都强调在坚持依法、自愿、有偿的前提下，可以通过转包、转让、入股等方式对承包地进行流转。同时，为保护农户在农地流转过程中的合法权益。国家出台了《中共中央关于做好农户承包地使用权流转工作的通知》（2001 年）和《做好 2002 年农业和农村工作的意见》（2002 年），纠正在流转过程中出现损害农民合法权益的现象。

第四为逐步规范化发展时期（2003～2007 年）。《农村土地承包法》（2003 年）规定，在坚持依法、自愿、有偿的前提下，承包地可以依法通过转包、出租、转让等方式进行流转，这标志着农地承包经营流转制度真正意义上踏入法制化的道路。此外，《农村土地承包经营权流转管理办法》（2005 年）和 2007 年中央一号文件又进一步对流转方式、合同及管理做了明确的规定。

第五为快速发展时期（2008 年至今）。随着国际经济形势的变化和我国工业化、城镇化的快速发展，加快推进农地经营权流转已成大势所趋。为此，国家出台了众多的政策文件鼓励农地流转。如《中共中央关于推进农村改革发展若干重大问题的决议》（2008 年）规定，在不改变农地所有权性质（农地集体所有）、不改变农地用途（农地农用）和不损害农地承包权益的前提下，按照依法自愿有偿的原则，规范有序推进农地经营权流转，发展适度规模经营。2012 年以后的多个"中央一号文件"又进一步规定，赋予承包经营权的抵押、担保权能，落实"三权分置"等。相关政策情况见附录Ⅰ附表6。

3.2 农地产权事实稳定

3.2.1 农地使用权期限

本书把村级问卷所获取的样本村第二轮农地承包实际年份和冀县卿等（2013）[①] 的研究相结合，用来反映农地使用权期限在两轮承包期间的变迁。从表 3 – 1 可以看出，截至 1984 年，有 96.55% 的样本村完成了第一轮农地承包，农户农地使用权期限被延长到 15 年。截至 1999 年，有 92.72% 的样本村实施了第二轮农地承包，农地使用权期限又继续延长 30 年。

表 3 – 1 两轮土地承包情况

第一轮承包情况			第二轮承包情况		
年份	村庄数量	比例（%）	年份	村庄数量	比例（%）
1979	2	3.45	1994	4	4.17
1980	3	5.17	1995	3	3.13
1981	9	15.52	1996	7	7.29
1982	22	37.93	1997	34	35.42
1983	15	25.86	1998	24	25.00
1984	5	8.62	1999	17	17.71
1985	2	3.45	2000	7	7.29
合计	58	100.00	合计	96	100.00

注：第一轮承包情况数据来源于冀县卿和黄季焜（2013），第二轮承包情况数据项目组调查数据。

---

① 研究调查了全国 6 省 58 个样本村第一轮农地承包的实际年份。

3.2.2 农地调整

村级层面数据（见表 3 - 2）反映，第二轮农地承包以来，有 37.50% 的样本村发生过农地调整。其中，进行过大调整的样本村所占比例为 9.38%，进行过小调整的村所占比例则高达 30.21%。进一步调查发现，绝大多数大调整发生在 1999 年之前，而小调整时常都有发生，这与国家出台的政策密切相关。具体而言，1997 年《关于进一步稳定和完善农村土地承包关系的通知》和 1998 年《中华人民共和国土地管理法》都明文规定禁止土地大调整，而大多数村庄都是在 1997 ~ 1998 年实施第二轮农地承包，开始"30 年不变政策"的工作。为保证第二轮承包起点的公平，部分村庄在实施二轮承包前对土地进行了大调整。叶剑平等（2010）发现全国有近 2/3（63.7%）的村在第二轮农地承包时发生过农地调整。但是，国家层面对小调整只是严格限制，并没有绝对禁止，所以第二轮承包以来小调整比例依旧较高。分省来看，河南和四川调整比例最高，约 66.67% 的村经历过农地调整；吉林调整比例最低，第二轮承包以来样本村庄都没有发生农地调整。此外，河南农地大调整的比例也最高，有 25.00% 的样本村进行过大调整。

表 3 - 2　二轮承包以来农地调整的情况

省份	调整比例（%）			调整次数（次）		
	平均比例	大调整	小调整	平均	大调整	小调整
山东	58.33	16.67	50.00	1.00	0.33	0.67
陕西	33.33	16.67	16.67	0.42	0.17	0.25
吉林	0.00	—	—	0.00	0.00	0.00
浙江	33.33	0.00	33.33	2.17	0.00	2.17
河南	66.67	25.00	50.00	2.50	0.42	2.08
甘肃	8.33	0.00	8.33	0.17	0.00	0.17
湖南	33.33	0.00	33.33	0.42	0.00	0.42
四川	66.67	16.67	50.00	1.25	0.17	1.08
总计	37.50	9.38	30.21	0.99	0.14	0.85

注：部分村庄既发生了大调整，又发生了小调整。

从农地调整次数来看，第二轮农地承包以来，样本村进行农地调整的平均值为 0.99 次/村。其中，大调整平均值为 0.14 次/村，小调整平均值为 0.85 次/村。分省来看，河南省调整最为频繁，平均值为 2.50 次/村，大调整平均值也最高，达到 0.42 次/村。浙江小调整最为频繁，平均值为 2.17 次/村。

3.2.3　农地确权

2013 年国家才出台文件①要求全面开展农地确权登记颁证工作，而本书主要调查的是 2013 年之前的农地确权情况。本章中的确权特指农地承包合同签订和农地承包经营权证书发放。

村级层面数据（见表 3 - 3）反映，截至 2012 年，样本地区农地承包合同签订率为 86.46%，农地承包经营权证书发放率为 84.53%，与 2008 年②相比有了较大的提高。这可能与《关于开展全国农村土地突出问题专项治理的通知》（2007 年）等相关文件的落实有重要关系。分省来看，吉林、甘肃和湖南农地承包合同签订比例最高，省内所有样本村都和农户签订了农地承包合同。陕西农地承包合同签订比例最低，占比仅为 58.33%。但是，陕西农地承包经营权证书发放率（99.82%）最高，比发放率最低的河南（33.33%）高出 66.49 个百分点。

表 3 - 3　2012 年农户持有农地经营凭证情况　　　　　　　单位:%

省份	村级层面		地块层面
	承包合同	经营权证	经营凭证
山东	91.67	75.66	68.31
陕西	58.33	99.82	72.93
吉林	100.00	88.19	85.08
浙江	83.33	82.13	67.51
河南	75.00	33.33	34.86
甘肃	100.00	98.96	85.67
湖南	100.00	98.98	82.03
四川	83.33	99.16	90.46
总计	86.46	84.53	73.31

---

①　《关于加快发展现代农业进一步增强农村发展活力的若干意见》。

②　叶剑平等（2010）研究发现，截至 2008 年，持有农地承包合同和农地承包经营权证书的农户所占比分为 43.6% 和 47.7%。

而从地块层面数据来看，截至 2012 年，山东等 8 省样本地块①拥有经营凭证②的比例为 73.31%③。其中，四川的比例最高，有 90.46% 的地块拥有经营凭证。河南省内样本地块拥有经营凭证的比例最低，仅为 34.86%。

3.2.4　农地转让权

　　农地转让权的调查发现（见表 3 - 4），1995～2008 年农户自行决定流转（村内和村外）的比例不断提高。截至 2008 年，农户可以自行把农地流转给本村农户和外村农户的比例分别达到 97.00% 和 79.00%，村内流转需征得村里同意的比例降至 3.00%，不允许村外流转的比例也降至 5.00%。在一定程度上说明，农户依法流转农地的权利不断加强，这可能和国家自 1994 年出台《关于稳定和完善土地承包关系的意见》等文件鼓励农民自愿和有偿流转农地有关。而到 2012 年，农户可以自行把农地流转给本村农户和外村农户的比例却分别降至 85.42% 和 71.88%，不允许村内流转和村外流转的比例分别上升到 5.21% 和 13.54%，这可能与国家自 2008 年出台相关政策提倡农地适度规模经营有一定关系。

表 3 - 4　农地流转范围变迁（1995～2012 年）　　　　　　单位:%

年份	村内流转			村外流转		
	自行决定	征得村里同意	不可以	自行决定	征得村里同意	不可以
1995	75.00	17.00	8.00	65.00	8.00	27.00
2000	82.00	17.00	1.00	69.00	7.00	25.00
2008	97.00	3.00	0.00	79.00	16.00	5.00
2012	85.42	9.38	5.21	71.88	14.58	13.54

　　分省来看（见表 3 - 5），2012 年湖南村内可以自行流转的比例最高，所有的样本村都可以自行把农地流转给本村农户。甘肃村内可以自行流转的比例（66.67%）最低，比湖南低了 33.33 个百分点。陕西和河南村内不允许流转的比例最高，同时，河南村外不允许流转的比例也最高。

---

① 主要指农户的承包地块。
② 经营凭证主要指农地承包合同或农地承包经营权证书。
③ 由于统计口径的不同，地块层面的比例会低于村级层面。

表3-5　2012年样本区域农地流转范围　　　　　　单位:%

省份	村内流转			村外流转		
	自行决定	征得村里同意	不可以	自行决定	征得村里同意	不可以
山东	91.67	0.00	8.33	75.00	8.33	16.67
陕西	83.33	0.00	16.67	83.33	0.00	16.67
吉林	91.67	8.33	0.00	75.00	16.67	8.33
浙江	91.67	8.33	0.00	100.00	0.00	0.00
河南	83.33	0.00	16.67	66.67	0.00	33.33
甘肃	66.67	33.33	0.00	50.00	41.67	8.33
湖南	100.00	0.00	0.00	75.00	0.00	25.00
四川	75.00	25.00	0.00	50.00	50.00	0.00
总计	85.42	9.38	5.21	71.88	14.58	13.54

3.3　本章小结

　　本章主要从农地产权稳定性的法律稳定和事实稳定两个层面对改革开放以来的农地产权制度进行系统性回顾和分析。

　　从农地产权稳定性的法律稳定来看，国家出台了众多的文件和法规进一步保障农地产权法律稳定。具体而言：①农地所有权方面，自家庭联产承包责任制实施起，虽然国家出台了多个文件及法律规定农地所有权归集体所有，但集体的实践主体一直处于混乱或缺位状态。直到2010年国家才出台相关文件，对农村集体土地所有权证确认。②农地使用权期限方面，家庭联产承包责任制实施初期，农地使用权期限只有2~3年，随后国家政策强调延长土地承包期，农地使用权在第一轮土地承包中被延长到15年，在第二轮土地承包中被延长到30年，从2008年以来，国家政策强调现有土地承包关系长久不变。③农地调整方面，从初期的频繁调整，到坚持"大稳定，小调整"的原则，经过充分商量，由集体统一调整，再到明确禁止对农地进行大调整，并严格限制小调整。④农地确权方面，从初期的农户和集体签订农地承包合同，到给农户发放农地承包经营权证书，再到全国范围内进行农地确权、登记和颁证，给农民吃上"定心丸"，逐步深化农地制度改革，最终达到摸清"家底"、增加农地权能、解决农地承包纠纷、保障农民权益，加快推进现代农业发展的目的。⑤农地收益权方面，从初期的必须在服从集体的统一规划和安排的前提下从事农业生产活动，"交足国家的，留足集体的"，剩余的才是自己的。1984 年后，国家不再对农民下达农产品（个别产品除外）统购派购任务，农民生产经营自主权得到一定程度的释放，农户除了上交农业税，农业收入开始逐步归自家所有，农地收益权得到进一步保障。到2005 年，废除农业税，农地收益权已完全归农民所独享。⑥农地处分权，农地流转经历了明令禁止、逐步允许并得到法律确认、缓慢发育、规范化发展和快速发展 5 个时期。

从农地产权稳定性的事实稳定来看，样本区域的调研数据反映，地方政府基本上落实了国家关于强化农地产权的有关规定。具体包括：①农地使用权期限的规定基本得以落实。②虽然国家明令禁止大调整，严格限制小调整，但是二轮承包以来，样本区域仍有 37.50% 的村庄进行了农地调整，其中，9.38% 村庄进行了大调整，30.21% 的村庄进行了小调整。③农地承包合同签订率和农地承包经营权证书发放率稳步提高。截至 2012 年，样本地区农地承包合同签订率为86.46%，农地承包经营权证书发放率为 84.53%。④农户基本享有依法自愿有偿流转农地的权利。到 2012 年，农户可以自行把农地流转给本村农户和外村农户的比例为 85.42% 和 71.88%，不允许村内流转和村外流转的比例分别为 5.21% 和 13.54%。

第4章 农地流转和农地投资现状

本章主要基于全国8省大样本的调查数据，用描述性统计的分析方法对农地流转和农地投资现状进行分析，主要分为两部分：第一部分，从农地流转面积、流转比例、流转对象、流转合同形式和期限等方面描述农地流转的现状和特点。第二部分，从农地投资比例和投资来源等方面，描述农地投资的现状和特点。

4.1 农地流转现状

4.1.1 农地流转总体状况

为了更细致地刻画农户农地流转的现状，本书比较了2012年不同省份农地流转情况。首先，对不同省份农地流转程度进行比较，分析农地流转的概况和地区差异；其次，对农地流转对象进行简单考察。

4.1.1.1 农地流转程度

为了深入分析农户农地流转的程度，本书分别从农地流转发生率和农地流转率两个指标进行考察。农地流转发生率主要是以户为单位，将农户主要分为转出户、转入户、既转出又转入户和未流转户四类，然后计算其农地流转发生率。具体定义如下：农地转出发生率 = 发生农地转出行为的农户数量/农户总户数；农地转入发生率 = 发生农地转入行为的农户数量/农户总户数，而农地流转率用农地面积流转比例进行分析，其中农地面积转出比例 = 转出地块加总面积/所有承包地块面积，农地面积转入比例 = 转入地块加总面积/所有承包地块面积。此外，有一点需要重点强调：在实际调查过程中，部分农地转出户因举家外出务工不能作为调查对象，即很难做到抽样的"无偏"，所以不能用这些转出户样本真正代表样本区域的所有转出户，而转入户则没有类似的问题，因此本书主要基于转入户的情况推断农地流转的基本状况，转出户的情况仅作为参考。

从农地流转发生率来看（见表 4 - 1），样本区域农户农地流转（转入）比例为 28.79%，农户农地转出参与率为 15.58%，其中既转出又转入的农户所占比例为 1.94%。从表中不难看出，农户农地转入发生率均明显高于农地转出发生率，可能的原因有两个：一是上文所提及的部分转出户没有调查到，造成农户农地转出率低于实际情况，更明显低于农地转入发生率；二是农地转出户可以把自家多个地块分别流转给不同的转入户，从而提高了农地转入的发生率。

表 4 - 1　样本省农户农地流转情况

省份	总户数（户）	转出		转入		既转出又转入	
		户数（户）	比例（%）	户数（户）	比例（%）	户数（户）	比例（%）
山东	140	23	16.43	39	27.86	1	0.71
陕西	143	9	6.29	36	25.17	2	1.40
吉林	141	12	8.51	54	38.30	1	0.71
浙江	143	27	18.88	30	20.98	2	1.40
河南	143	36	25.17	20	13.99	5	3.50
甘肃	141	7	4.96	34	24.11	1	0.71
湖南	143	21	14.69	50	34.97	3	2.10
四川	142	42	29.58	64	45.07	8	5.63
总计	1136	177	15.58	327	28.79	22	1.94

从农地流转率来看（见表 4 - 2），样本区域农户农地流转（转入）面积占比为 46.54%，农户农地转出面积为 8.03%。从表中可以看出，样本省农地流转率较高，流转（转入）面积接近样本农户承包地总面积的一半，明显高于全国水平。主要是因为吉林和河南两省转入面积较多，在总样本中权重较大，拉高了样本的平均水平。其中，吉林省农地转入面积为 129.83 公顷，占样本转入总面积的 71.29%。分省来看，河南省农地流转（转入）率达 106.02%，农地转入面积已超过该省样本农户承包地总面积。主要原因是，该省户均承包地面积较小，而调查样本中的部分农户是经营大户，农地经营面积较大，自家转入的农地面积甚至超过样本村抽样农户总的承包地面积。

表4-2　样本省农地流转面积情况

省份	总面积（公顷）	转出		转入	
		面积（公顷）	比例（%）	面积（公顷）	比例（%）
山东	52.75	5.10	9.67	10.88	20.62
陕西	85.91	3.01	3.50	22.85	26.60
吉林	182.12	9.49	5.21	129.83	71.29
浙江	33.90	5.36	15.82	5.64	16.65
河南	42.00	7.88	18.76	44.53	106.02
甘肃	64.67	1.33	2.05	7.13	11.03
湖南	42.53	4.46	10.48	18.25	42.90
四川	39.38	7.00	17.79	13.83	35.14
总计	543.26	43.62	8.03	252.85	46.54

4.1.1.2　农地流转的对象

为考察农地流转的对象，研究者为流入地和流转地分别设计了相应的问题。针对转入地，设计"农地转入来源"这一问题，并给出"本村农户、外出农户、本村集体、外村集体"的选项。针对转出地，设计"农地转出去向"这一问题，给出"本村农户、外村农户、本村集体、公司或企业、农业合作社"的选项。

本书基于地块层面的流入信息分析农地流转的对象，从中得到如表4-3所示：①从调研区域总体来看，87.55%的转入地是从普通农户转入的，其中本村农户占比为80.47%。值得注意的是，这里的本村农户有很大一部分是农户的亲属和熟人。②从各省情况来看，除河南省外，其他各省一半以上的转入地都是来自于本村农户，甘肃、湖南和四川3省本村之间农户转入的比例更是高达90%以上，而河南省转入地最主要来源于外村农户，所占比例为河南省所有转入地的44.44%；而陕西省有42.11%的转入地来自于本村集体。

表4-3　样本省转入地块的来源

省份	总地块（块）	本村农户（%）	外村农户（%）	本村集体（%）	外村集体（%）
山东	61	60.66	9.84	27.87	1.64
陕西	57	56.14	1.75	42.11	0.00
吉林	185	76.76	8.11	15.14	0.00
浙江	58	81.03	3.45	15.52	0.00

续表

省份	总地块（块）	本村农户（%）	外村农户（%）	本村集体（%）	外村集体（%）
河南	36	27.78	44.44	22.22	5.56
甘肃	66	90.91	4.55	4.55	0.00
湖南	137	94.89	3.65	1.46	0.00
四川	163	95.71	3.68	0.61	0.00
总计	763	80.47	7.08	12.06	0.39

此外，基于地块层面的流出信息（见表4-4），可以发现：①调研区域70.30%的转出地流向了农户，其中本村农户占比为56.47%。这表明，样本区域的农地流转依然坚持农户家庭经营的基础性地位。同时，发现农地流转流向企业（公司）和农业合作社的比例已分别达到18.93%和7.89%，这在一定程度上说明，农地流转有助于推进企业经营和合作经营等多种农业经营方式共同发展。②从各省情况来看，除河南和四川外，其余各省80%的转出地块都流向了农户，而河南有63.83%的转出地块流向了企业（27.66%）和合作社（36.17），四川的转出地流向企业的高达49.41%，接近该省转出地块的一半。

表4-4　样本省转出地块的流向

省份	总地块（块）	农户		公司或企业（%）	农业合作社（%）	本村集体（%）
		本村（%）	外村（%）			
山东	43	74.42	11.63	6.98	0.00	6.98
陕西	17	82.35	11.76	5.88	0.00	0.00
吉林	31	61.29	35.48	0.00	0.00	3.23
浙江	45	66.67	20.00	2.22	11.11	0.00
河南	47	19.15	10.64	27.66	36.17	6.38
甘肃	7	57.14	28.57	0.00	0.00	14.29
湖南	42	92.86	2.38	0.00	4.76	0.00
四川	85	37.65	9.41	49.41	1.18	2.35
总计	317	56.47	13.56	18.93	7.89	3.15

4.1.2 农地流转合同特点

4.1.2.1 合同形式及期限

从合同形式来看（见表4－5），样本区域农地流转总体上仍以口头协议为主，书面协议比例仅为25.82%。可能的原因是，绝大部分转入户都是本村农户，其中还有相当比例的农户是亲戚或熟人，农户间基于血缘和地缘的关系形成了"特殊信任"和类亲缘关系的"普通信任"①，他们认为和亲友熟人交易都是基于彼此的信任，没有必要签订书面合同。相反，签订书面合同在某种意义上视为对某一方的不信任，极有可能造成人情关系的弱化。另外，也在一定程度上说明了农户还没有养成利用签订具有法律效力的合同降低违约风险的习惯。从各省情况来看，书面合同的签订存在地区间的差异，陕西、吉林和河南3省签订书面合同的比例分别高达43.86%、62.16%和41.67%，原因可能有以下几方面：首先，对陕西来说，从转入地块的来源表可以看出，有42.11%的转入地块来自于村集体，《农村土地承包经营权流转管理办法》规定，在进行农村土地承包经营权流转时，农地承包方应与受让方签订书面的农地流转合同，村集体一般都会要求和农户签订书面合同；其次，对吉林来讲，当地地块面积普遍较大，土地禀赋比较富裕，农地流转所涉及的经济价值较高，为避免收益获得的风险或降低其不确定性，一般倾向于签订书面合同；最后，对河南而言，从转入地块的来源表可以看出，有一半的转入地块来自于外村农户（44.44%）和集体（5.56%），外村农户中有很大一部分是陌生人，他们和转入农户之间没有血缘和地缘的关系，本质就是交易双方，无人情可"虑"，因此转入农地时签订书面合同的可能性较大。而湖南和四川两省签订书面合同的比例仅分别为4.38%和1.23%。主要原因是这两个省有近95%的转入地都是来源于本村农户，人情关系较近；此外承包地户均面积较小，农地流转产生的经济利益也较少，农户基于人情关系较近和经济利益较少的考虑，在流转农地时选择签订书面合同的可能性较小。

表4－5　样本省转入地块的合同形式及期限

省份	总地块（块）	书面合同比例（%）	期限固定比例（%）	平均期限（年）
山东	61	21.31	63.93	14.10
陕西	57	43.86	52.63	11.60

---

① 马克思·韦伯. 儒教与道教［M］. 王容芬译. 北京：商务印书馆，2004.

省份	总地块（块）	书面合同比例（%）	期限固定比例（%）	平均期限（年）
吉林	185	62.16	87.57	12.01
浙江	58	15.52	17.24	21.00
河南	36	41.67	75.00	8.63
甘肃	66	18.18	42.42	6.57
湖南	137	4.38	17.52	11.29
四川	163	1.23	13.50	18.41
总计	763	25.82	48.65	12.18

从合同期限来看，虽然前文提到样本区域有80.47%转入地来自于本村农户，但农地流转合同期限固定的比例也仅为48.65%，其中流转合同中口头协议占了相当大的比例。这表明，农户既不愿意把农地流转给本村以外的资本经营，又不愿意合同期限被固定。农户可能基于两个方面的原因，一是农业利润微薄，即使与外来资本签订长期固定合同，农地流转租金也不高。二是农户把农地流转出去后进城从事非农就业，万一今后非农就业机会减少，农户返回农村就没有承包地作基本保障了。所以大部分农户考虑与其放弃农地的相关权利赚取不高的农地租金，不如收取较低的租金甚至免费租给本村的亲朋好友，但可以随时收回农地的相关权利。从各省情况来看，合同期限固定的比例存在地区差异性。浙江、湖南和四川等省农地流转合同期限固定的比例均仅不足18%。

此外，本书还进一步对固定期限合同的平均期限进行了计算。从表中可以看出，样本区域固定期限合同的平均期限为12.18年，这在一定程度上说明转入户倾向于"长期契约"，从而有利于保持农地使用权的稳定性，进而刺激农户对农地进行长期投资。当然，需要说明的是，由于合同中口头协议所占比重较高，可能导致双方约定的期限"随意化"，因而本书统计的平均期限可能超过了书面平均期限。这从各省的数据就可以看出，如书面合同比例超过40%的陕西、吉林和河南3省，其固定期限合同的平均期限分别为11.60年、12.01年和8.63年，都明显低于样本区域固定期限合同的平均期限。

4.1.2.2 合同支付方式

既然约定了流转合同，转出方让渡了农地经营权，那么转入方应该支付转入方一定的租金。农地流转租金实质是地租的一种表现形式，其本质是农地经营权转移在经济上的具体体现。租金有不同的形式，在我国封建社会一般有货币、实物和劳役三种主要形式。现阶段，我国已进入社会主义阶段，劳役形式的租金已基本消失。根据研究的需要，本书把合同的支付方式主要分为现金（货币）、实物和不要钱（零租金）三种。合同支付方式的详细结果见表4-6，从中可以发现：①样本区域，现金支付在支付方式中占主导地位，比例为53.08%。②尽管政府鼓励农户自愿有偿流转农地，但仍然有高达36.04%的农地是无偿流转的。③分省来看，各省合同支付方式的差异性较大。吉林现金支付比例高达95.68%，而四川现金支付比例仅为1.23%；此外，吉林流转不要钱的比例仅为4.32%，而四川流转不要钱的比例竟高达96.32%。值得思考的是，为什么农地流转中不要租金的比例会如此之高？部分学者已经发现低租金甚至不要租金的农地流转情况更多发生在"熟人社会之中"，流转对象是亲朋好友（Gao et al.，2012；钱忠好和冀县卿，2016）。但是，西方经济学理论强调资源的稀缺性，而农地无疑属于稀缺资源，所以不可能是免费的。因此，农地流转中的低租金甚至不要租金只是在货币支付方面的表面现象。那么，其实质到底是什么？陈奕山等（2017）指出，低租金甚至不要租金让渡农地经营权的背后隐藏着不明确约定的人情租，转入方获得农地经营权就表示领了人情，今后转入方在转出方需要的时候应提供一些帮助来还人情。现阶段，这类人情具体表现为转入方为转出方提供留守妇女或老人的农业生产和生活的帮扶以及农地产权保护[①]等。

表4-6　样本省转入地块的合同支付方式

省份	总地块（块）	现金（%）	实物（%）	不要钱（%）
山东	61	88.52	3.28	8.20
陕西	57	87.72	1.75	10.53
吉林	185	95.68	0.00	4.32
浙江	58	39.66	12.07	48.28
河南	36	77.78	5.56	16.67
甘肃	66	78.79	9.09	12.12
湖南	137	13.87	44.53	41.61
四川	163	1.23	2.45	96.32
总计	763	53.08	10.88	36.04

---

① 农户将农地流转给陌生人会有收不回农地的顾虑，而撂荒农地则有可能被集体收回农地承包权，所以流转给熟悉的人能够保护农地产权。

4.2　农地投资现状

农业具有弱质性等特点，其对地形、气候、水文等自然环境具有较强的依赖性。为改善农业生产发展的自然条件，农户一般会对农地进行相关投资，以便实现农业的高产高效。一般根据投资收益回报时间的长短，可以把农地投资划分为农地短期投资（功效在 1 年之内）和农地长期投资（功效超过 1 年）两类（许汉石，2009）。农地短期投资通常包括劳动力、农药、化肥等投入，这些投资可转移；相反，农地长期投资具有不可转移性，通常包括平整土地、梯田建设、改良土壤、种树、施用石灰及石膏、绿肥种植、有机肥施用、磷肥投入等（Gebremedhin and Swinton，2003；Birungi and Hassan，2010；马贤磊，2010；Abdulai et al.，2011；郜亮亮等，2011；Evansa et al.，2015）。鉴于产权稳定性对农地短期投资的影响很难体现①，本书主要研究农户对农地的长期投资行为，参考上面的研究，本章重点关注农田基本建设（包括修水渠、打井和平整土地等）和有机肥投入。

4.2.1　农田基本建设

4.2.1.1　总体状况

表 4 - 7 汇报了样本区域 2009～2012 年的农田基本建设的总体情况。从表中可以看出，农户开展农田基本建设的积极性不高，样本区域的 4909 块经营地块中仅有 525 个地块进行了农田基本建设，约占经营地块总数的 10.69%。从调研的样本省份来看，各省进行农田基本建设的差异性较大。具体而言，河南农田基本建设的比例最高，500 个经营地块中有 19.20% 的地块采用了农田基本建设措施；甘肃其次，651 个经营地块中有 16.44% 的地块进行了农田基本建设；山东、吉林、湖南 3 省进行农田基本建设的地块比例都超过了 10%，占比分别为13.47%、10.14% 和 14.18；而陕西、浙江和四川 3 省的调研地块中，有农田基本建设的比例均不足 8%，陕西占比为 7.52%，浙江占比为 4.36%，四川仅为0.76%，四川农田基本建设的比例与河南相差了 18.44 个百分点。

---

① 因为不容易观察到由于产权变得更稳定而导致短期投资趋向更合理的边际效果。

表4-7　农田基本建设总体状况

省份	经营地块（块）	投资地块	
		数量	比例（%）
山东	542	73	13.47
陕西	638	48	7.52
吉林	769	78	10.14
浙江	459	20	4.36
河南	500	96	19.20
甘肃	651	107	16.44
湖南	691	98	14.18
四川	659	5	0.76
总计	4909	525	10.69

4.2.1.2　投资项目和投资主体

为了考察农田基本建设投资项目的具体内容，本书将投资项目分为：修水渠、打井、平整土地和其他措施4种。具体数据见表4-8，从中可以发现，在525个农田基本建设投资地块中，43.05%的地块进行了修水渠，29.52%的地块采取了打井措施，20.76%进行了平整土地投资，还有6.67%的地块采取了其他措施。从各样本省的数据来看，由于地理位置、气候环境及作物品种等方面的差异，各省农田基本建设投资项目的侧重点有所不同。山东和吉林主要在打井项目上进行投资，分别有67.12%和55.13%的地块采取了打井措施；浙江、河南和四川3省主要在沟渠修整项目上进行投资，该项目投资地块占比分别为60.00%、52.08%和79.59；甘肃有48.60%的地块进行了土地平整投资；陕西和四川2省在相关项目上基本都有投资，且投资比例相差不大。如陕西，修水渠、打井、平整土地和其他措施这4种项目的投资占比分别为14.58%、33.33%、29.17%和22.92%。

表4-8　投资项目

省份	投资地块	修水渠占比（%）	打井占比（%）	平整土地占比（%）	其他措施占比（%）
山东	73	23.29	67.12	8.22	1.37
陕西	48	14.58	33.33	29.17	22.92
吉林	78	16.67	55.13	17.95	10.26

省份	投资地块	修水渠占比（%）	打井占比（%）	平整土地占比（%）	其他措施占比（%）
浙江	20	60.00	30.00	0.00	10.00
河南	96	52.08	41.67	4.17	2.08
甘肃	107	43.93	0.00	48.60	7.48
湖南	98	79.59	1.02	18.37	1.02
四川	5	40.00	0.00	20.00	40.00
总计	525	43.05	29.52	20.76	6.67

从投资的主体来看，农地投资可以分为两大类：政府投资和非政府投资。政府投资一般是指公共投资，即由国家公共项目出资提供公共产品和服务。非政府投资，一般是指私人投资，即由个人决策所进行的的投资。为了分析投资主体的特征，本书把投资按主体分为四类：个人、村及村以下①、乡镇和县及县以上。从表 4 - 9 中可以看出，农田基本建设投资项目主要还是以政府为主，政府投资的项目占 58.10%，非政府投资（个人投资）的项目占 41.90%。政府投资项目中，村及村以下投资项目占比为 26.67%；乡镇投资项目占比为 10.67%；县及县以上投资占比为 20.76%。具体到各省的数据，村及村以下在山东、浙江和河南 3 省农田基本建设投资项目中占比较大，分别为 49.32%、60.00% 和 47.92%，陕西、吉林、甘肃和四川的农田基本建设投资项目中个人投资起核心作用，占比分别为 66.67%、65.38%、57.94% 和 100.00%，而在湖南这 4 个主体的投资占比基本持平，占比分别为 25.51%、27.55%、24.49% 和 22.45%。

表 4 - 9　投资主体

省份	投资地块	个人占比（%）	村及村以下占比（%）	乡镇占比（%）	县及县以上占比（%）
山东	73	23.29	49.32	5.48	21.92
陕西	48	66.67	4.17	4.17	25.00
吉林	78	65.38	3.85	0.00	30.77
浙江	20	25.00	60.00	0.00	15.00
河南	96	23.96	47.92	14.58	13.54
甘肃	107	57.94	13.08	11.21	17.76

① 村及村以下主要包括行政村、自然村和村民小组。

续表

省份	投资地块	个人占比（%）	村及村以下占比（%）	乡镇占比（%）	县及县以上占比（%）
湖南	98	25.51	27.55	24.49	22.45
四川	5	100.00	0.00	0.00	0.00
总计	525	41.90	26.67	10.67	20.76

4.2.1.3 补贴情况

表4-10反映的是样本区域个人投资农田基本建设获得补贴的基本情况。从表中可以看出有102块个人投资的地块获得了补贴，占个人投资总地块的46.36%，这说明有近一半的个人投资获得了补贴，或者是因为有补贴所以农户才进行了投资。从各省数据来看，在个人投资的地块中，河南获得补贴的比例最高，占比为73.91%；吉林其次，占比为72.55%；陕西获得补贴的比例排第三，占比为53.13%；山东等其余5省的占比均明显低于样本区域平均水平。值得注意的是，四川的5块个人投资地块均没有获得补贴。

表4-10 个人投资补贴情况

省份	个人	有补贴		无补贴	
		数量（块）	比例（%）	数量（块）	比例（%）
山东	17	5	29.41	12	70.59
陕西	32	17	53.13	15	46.88
吉林	51	37	72.55	14	27.45
浙江	5	2	40.00	3	60.00
河南	23	17	73.91	6	26.09
甘肃	62	15	24.19	47	75.81
湖南	25	9	36.00	16	64.00
四川	5	0	0.00	5	100.00
总计	220	102	46.36	118	53.64

此外，本书还进一步对个人投资地块的补贴来源及方式进行了统计（见表4-11）。从补贴的来源来看，补贴主要来自于县及以上的部门，其占比超过一半（50.98%），村及村以下的补贴占比23.53%，乡镇的补贴占比为25.49%。分省份来看，山东和浙江个人投资地块的补贴主要来自于村及村以下部门，河南和甘肃的补贴则主要源于乡镇层面，而陕西、吉林和湖南的补贴主要来自县及县以

上层面。从补贴方式看，样本区域以现金作为最主要的补贴方式，占比高达 76.47%。各省层面，只有河南以实物作为主要补贴方式，占比为 64.71%。

表 4 – 11　个人投资地块的补贴来源及方式

省份	有补贴	补贴来源			补贴方式	
		村及村以下占比(%)	乡镇占比(%)	县及县以上占比(%)	现金占比(%)	实物占比(%)
山东	5	60.00	40.00	0.00	80.00	20.00
陕西	17	5.88	41.18	52.94	76.47	23.53
吉林	37	21.62	5.41	72.97	100.00	0.00
浙江	2	100.00	0.00	0.00	100.00	0.00
河南	17	29.41	41.18	29.41	35.29	64.71
甘肃	15	6.67	53.33	40.00	73.33	26.67
湖南	9	44.44	0.00	55.56	55.56	44.44
四川	0	—	—	—	—	—
总计	102	23.53	25.49	50.98	76.47	23.53

4.2.2　有机肥投入

4.2.2.1　总体状况

表 4 – 12 汇报了样本区域调查地块的有机肥投入情况。从表中可以看出，样本区域有机肥施用比例不高。数据显示，样本区域仅有 19.37% 的地块施用了有机肥，平均施用量为 1.93 吨/公顷。从各省有机肥投入数据来看，四川和甘肃 2 省有机肥施用率均超过 30%，且平均施用量也超过其他各省的水平。而山东、河南和湖南 3 省不仅有机肥施用率低于 15%，而且施肥量也明显少于样本区域平均水平。尤其是河南，调查地块的有机肥施用率仅为 1.72%，比四川（34.76%）低了 33.04 个百分点；其有机肥施用量才 0.04 吨/公顷，每公顷平均施肥量比四川少了 3.93 吨。

表 4 – 12　有机肥投入总体状况

省份	地块数	有机肥	
		施用率（%）	施用量（吨/公顷）
山东	404	14.36	1.25

省份	地块数	有机肥	
		施用率（%）	施用量（吨/公顷）
陕西	161	19.25	2.46
吉林	274	23.72	2.10
浙江	178	26.40	1.83
河南	408	1.72	0.04
甘肃	257	30.35	3.82
湖南	275	14.18	0.96
四川	351	34.76	3.97
总计	2308	19.37	1.93

4.2.2.2 有机肥类型及来源

进一步地，本书对有机肥的类型及来源进行了调查。根据有关分类，本书把有机肥主要分为四种类型：农家肥、秸秆、商品有机肥和其他有机肥。其中，农家肥主要包括人类粪便、鸡粪、牛粪和猪粪等。其他有机肥主要包括绿肥、饼肥和泥肥等。

从有机肥类型来看，样本区域把农家肥作为最主要的有机肥。数据显示（见表4-13），有83.45%的调查地块施用了农家肥，7.61%的地块施用了其他有机肥，6.26%的地块用作物秸秆作为有机肥，仅2.68%的地块施用了商品有机肥。从各省数据来看，所有调研省份也是把农家肥作为最主要的有机肥。而从其他几类有机肥施用情况来看，甘肃用作物秸秆作为有机肥的比例最高，占比为16.67%；湖南施用商品有机肥的比例最高，占比为12.82%；山东施用其他有机肥的比例最高，占比为18.97%。陕西、浙江、河南和四川4省几乎没有在地块上施用商品有机肥。

表4-13 有机肥类型

省份	地块数	农家肥占比（%）	秸秆占比（%）	商品有机肥占比（%）	其他有机肥占比（%）
山东	58	70.69	5.17	5.17	18.97
陕西	31	80.65	6.45	0.00	12.90
吉林	65	84.62	9.23	0.00	6.15
浙江	47	91.49	4.26	0.00	4.26

省份	地块数	农家肥占比（%）	秸秆占比（%）	商品有机肥占比（%）	其他有机肥占比（%）
河南	7	100.00	0.00	0.00	0.00
甘肃	78	71.79	16.67	5.13	6.41
湖南	39	87.18	0.00	12.82	0.00
四川	122	91.80	1.64	0.00	6.56
总计	447	83.45	6.26	2.68	7.61

从有机肥来源来看，样本区域地块上施用的有机肥主要来源于农户自家。数据显示（见表 4 – 14），83.67% 的有机肥来自于农户自家，9.62% 的有机肥来自于其他农户，其余 6.26% 的有机肥来自于农资店。各省数据中，浙江有 21.28% 的有机肥来自于其他农户，湖南有 15.38% 的有机肥来自于农资店。

表 4 – 14　有机肥来源

省份	地块数	自家占比（%）	其他农户占比（%）	农资店占比（%）
山东	58	86.21	6.90	6.90
陕西	31	77.42	12.90	9.68
吉林	65	84.62	9.23	6.15
浙江	47	78.72	21.28	0.00
河南	7	85.71	14.29	0.00
甘肃	78	79.49	5.13	14.10
湖南	39	82.05	2.56	15.38
四川	122	88.52	11.48	0.00
总计	447	83.67	9.62	6.26

4.3　本章小结

本章基于全国 8 省的实地调研数据，运用描述性统计的方法，对样本区域农户农地流转和农地投资现状进行了较为详细的分析。

从农地流转来看，2012 年样本区域农户农地流转（转入）比例为 28.79%，农户农地转出参与率为 15.58%，其中既转出又转入的农户所占比例为 1.94%。但是，现有农地流转的市场化水平总体上较低：首先，有很大比例的农地流转发生在亲属和熟人之间；其次，74.18% 的农地流转合同都采用口头协议（没有签订书面流转合同），且约定期限固定的比例不到一半（48.65%）。但值得欣慰的是，期限固定合同的平均期限为 12.18 年。租金支付方式中现金支付占主导地位，比例为 53.08%。虽然政府鼓励农户自愿有偿流转农地，但仍然有高达 36.04% 的农地是无偿流转的。

　　从农地投资来看，农户开展农田基本建设的积极性不高。2009～2012 年 4909 块样本经营地块中仅有 10.69% 进行了农田基本建设，且省份差异较大，河南农田基本建设的比例达到 19.20%，四川仅为 0.7%，与河南相差了 18.50 个百分点。从农田基本建设投资项目的具体内容来看，43.05% 的地块进行了修水渠，29.52% 的地块采取了打井措施，20.76% 的地块进行了土地平整投资，还有 6.67% 的地块采取了其他措施。各省农田基本建设投资项目的侧重点有所不同。山东和吉林主要在打井项目上进行投资，浙江、河南和四川 3 省主要在沟渠修整项目上进行投资，甘肃主要进行了土地平整投资。农田基本建设投资项目主要还是以政府为主，其中村及村以下的投资项目占主导地位，而个人投资农田基本建设中，有 46.36% 的地块获得了补贴。补贴有一半来自于县及以上的部门，现金是最主要的补贴方式。此外，样本区域仅有 19.37% 的地块施用了有机肥，平均施用量是 1.93 吨/公顷。各省有机肥投入差异较大，四川有 34.76% 的地块施用了有机肥，平均施用量为 1.93 吨/公顷，而河南调查地块的有机肥施用率仅为 1.72%，有机肥施用量才 0.04 吨/公顷。从有机肥类型来看，样本区域把农家肥作为最主要的有机肥，且有机肥主要来源于农户自家。

第5章 产权稳定性对农地流转的影响

本章主要基于全国 8 省 1136 个农户的调查数据，从农地产权法律稳定和事实稳定两个角度出发，运用 Logit 模型和 Tobit 模型实证检验产权稳定性对农户是否参与农地流转市场和农地流转规模的影响。结构安排如下：第一部分，引言。第二部分，理论分析。第三部分，变量选择与模型设置。第四部分，计量结果与分析。第五部分，小结。

5.1 引 言

农地流转是推进农业规模化经营和加速现代农业发展的基础，同时也是解决三农问题的关键手段。据农业部统计，截至 2015 年底，全国农地流转面积达 4.47 亿亩，占全国农户承包耕地总量的 33.3%[①]，比 2008 年底流转比例提高了 24.4 个百分点。尽管农地流转取得了显著的成效，但总体而言，我国农地流转市场发育还不完善，部分地区依旧存在流转活力不足、流转规范性不高、结构不协调等问题（马贤磊等，2016）。

那么，如何才能有效促进农地流转？产权经济学家认为，稳定和清晰的农地产权是实现农地健康有序流转的基本前提。从宏观政策来看，自 1978 年实施家庭联产承包责任制以来，中国的农村土地政策一直沿着稳定土地承包关系、增强农民信心的方向前进（丰雷等，2013）。从 1984 年中央一号文件提出的"土地承包期一般应在 15 年以上"，1993 年规定的"土地承包经营权再延长 30 年不变"，到 1998 年修订的《土地管理法》和 2003 年施行的《农村土地承包法》进一步强调了"二轮承包期 30 年不变"，2007 年施行的《物权法》规定农地承包经营

[①] 数据来源：农业部网站（http://www.moa.gov.cn）。

权作为用益物权，再到 2008 年中共十七届三中全会明确提出的"现有土地承包关系要保持稳定并长久不变"，农地产权的稳定性已逐步通过法律制度得以强化。然而，现实中农户的土地承包关系并不稳定，部分农村地区依旧存在土地频繁调整的现象。叶剑平等（2010）对中国 2008 年 17 省的土地调查发现，约有 64% 的样本村在二轮承包时进行了农地调整，部分样本村甚至在二轮承包之后还对农地进行了调整。村级层面的土地行政调整是村级组织干预农地产权、破坏地权稳定性的具体表现。一般认为，农村土地的频繁调整会导致农地产权的残缺和不稳定，进而提高农地流转的交易成本，从而制约农地流转市场的发育（邓大才，1997；钱忠好，2003；叶剑平等，2006）。从国内经验来看，赵阳（2007）借助 Logit 模型实证分析了农地流转市场发育的影响因素，发现突破小组界限的农地调整对农户之间的土地租赁行为有显著的负面影响。Jin 等（2009）对中国 9 个省份农户调查数据进行了分析，研究发现村级农地调整显著抑制了农户参与农地流转市场的可能性。刘克春等（2006）和马贤磊等（2015）的研究进一步指出，不稳定的农地产权会增加农地流转的交易费用，而交易费用的增加又会阻碍农户农地流转的行为。从国际经验看，Macours 等（2010）基于多米尼加共和国的调查数据，研究发现，稳定的地权对农地流转有显著的正向影响，稳定的地权使得农户农地流转比例上升了 21%。Deininger 等（2003）对基于尼加拉瓜共和国 1995 年和 1998 年的调查数据，研究同样发现，农地产权越稳定，农地所有者越有可能参与农地流转市场。

实际上，产权是一组由使用权、收益权和交易权等组成的权利束（Feder 等，1991；埃格特森，2004）。对其中任何一个权利子集进行干预都会造成产权的不稳定性，进而影响到产权价值的实现。上述所引文献主要是强调村级组织对农地使用权和收益权的干预，如村级农地调整，造成了农地使用权和收益权的不稳定，从而影响了农户的农地流转行为。然而，从实际情况看，村级组织还会对农地的交易权进行干预①，造成农地交易权的不稳定。叶剑平等（2000）利用中国 1999 年 17 个省份的农户调查资料发现，约有 17% 的农户认为只有得到村委会的批准才能把农地使用权进行转包或转租。郜亮亮等（2014）基于 2000 年和 2008 年 6 省 1200 户农户的追踪面板数据研究发现，2000 年，农地流转受到村级干预（管制）的农户比例约为 20.61%；2008 年，只有 3.18%②的农户在流转农地时

---

① 这里的干预主要指农户在流转农地时必须要征求村集体的意见。

② 原文指出，浙江和陕西两个省没有村级农地流转管制，而其他四个省的村级农地流转管制比例都在 15% 左右。

受到村级干预，而对农地的交易权的干预或管制会扰乱农地交易市场，减少农户农地流转收益，进而减少农地市场供给，阻碍农地的合理流动（钱忠好，2002；张红宇，2002）。

现有研究成果对本书有重要的启示作用，但还存在一些改进的空间：一是已有研究主要选用农地产权法律稳定和事实稳定两者之一作为衡量产权稳定性的指标，多数文献没有把农地产权的法律稳定和事实稳定放在同一框架内进行分析[①]。二是部分研究仅是个别省份的调查，而利用多省随机调查数据进行实证分析的研究并不多。基于以上考虑，本书运用多省随机抽样调查数据，深入分析产权稳定性对农户农地流转行为的影响，为推动农地制度的改革增添微观经验数据。

5.2　理论分析

在"理性经济人"假设的前提下，农户都是在一定的经济环境约束下追求利润最大化的个体。无论是何种原因导致的农地流转，农户都是基于从事农业和非农业成本收益衡量后的理性选择。当农业收益期望值预期超过非农期望收益预期时，理性的农户将会扩大农地经营规模；反之将会缩小农地经营规模甚至有可能会放弃对农地的经营。

参考 Jin 等（2009）的研究，本书构建一个农业生产理论模型，分析产权稳定性对农户农地流转行为的影响。首先，本书假定农户有固定的劳动力 $\bar{l}$ 和固定的土地 $\bar{x}$，赋予农户一定程度的农业生产能力 e。并进一步假定农业劳动力市场发展不健全，那么农户只能安排家庭劳动力从事农业劳动（l_a）或从事非农劳动（l_o），从事非农劳动的工资（w）是外生的。此外，农户可以选择转出或转入一定面积的农地，达到合适的经营规模（x），以为实现劳动力和土地的优化配置。在完全竞争的市场下，农地流转的租金为 r。其次，假定农户的农业生产符合这样一个生产函数 $f(e, l, x)$，且满足标准假设 $f(e, l, x)' > 0$，$f(e, l, x)'' < 0$。最后，假定 s 为单位面积农地上的其他生产性费用，p 为农产品的价格。

---

① 因为产权感知稳定是一种主观判断，会受到法律稳定、事实稳定及个人特征的影响，存在内生和多重共线的问题，一般不和法律稳定、事实稳定放在一起分析。

当农地流转过程中不存在交易费用时，在给定的农业生产能力 e 的前提下，要选择从事农业劳动的劳动力 l_a、从事非农劳动的劳动力 l_o 和合适的经营规模 x，实现 $f(e, l, x)$ 这个生产函数的最大化。这个问题可以表述如下：

$$\underset{l_a, l_o, x}{Max}\, pf(e, l_a, x) + wl_o + I^{out} r(\bar{x} - x) - I^{in} r(x - \bar{x}) - sx$$

$$s.t.\, l_a + l_o \leq \bar{l} \tag{5-1}$$

式（5-1）中，I^{out} 代表转出户（若转出农地，$I^{out} = 1$；否则 $I^{out} = 0$），I^{in} 代表转出户（若转出农地，$I^{in} = 1$；否则 $I^{in} = 0$），假设 $l_a + l_o = 0$，那么 l_a^* 和 x^* 将满足上面问题的一阶条件，即：

$$pf_{l_a}(e, l_a, x) = w \tag{5-2}$$

$$pf_x(e, l_a, x) = r + s \quad (\text{转出户}，x^* < \bar{x}) \tag{5-3}$$

$$pf_x(e, l_a, x) = r + s \quad (\text{转入户}，x^* > \bar{x}) \tag{5-4}$$

此时，农户选择从事农业劳动的劳动力 l_a^*、从事非农劳动的劳动力 l_o^*（$\bar{l} - l_a^*$）和合适的经营规模 x^* 将使得从事农业劳动所获得的边际回报等于从事非农劳动的工资、农地的边际回报等于农地流转（租入或转出）的租金与单位面积农地上的其他生产性费用之和。

当农地流转过程中存在交易费用时，假定 c 为单位面积农地流转的交易费用，且农地流转交易费用由转出户和转入户平摊。那么，现在转出户实际获得的流转收益为 $r - \frac{1}{2}c$，转入户实际支付的农地流转租金为 $r + \frac{1}{2}c$，实现 $f(e, l, x)$ 这个生产函数的最大化的表述将变为式（5-5）：

$$\underset{l_a, l_o, x}{Max}\, pf(e, l_a, x) + wl_o + I^{out}\left(r - \frac{1}{2}c\right)(\bar{x} - x) - I^{in}\left(r + \frac{1}{2}c\right)(x - \bar{x}) - sx$$

$$s.t.\, l_a + l_o \leq \bar{l} \tag{5-5}$$

此刻，对转出户（$x^* > \bar{x}$）而言，其均衡解 x^* 需满足一阶条件：

$$pf_x(e, l_a, x) = r - \frac{1}{2}c + s \tag{5-6}$$

式（5-6）的含义是，当 $pf_x(e, l_a, x) < r - \frac{1}{2}c + s$（农户固定的承包地 $\bar{x}$ 大于农地最优经营规模 x^*）时，农户会选择继续转出农地，直到 $pf_x(e, l_a, x) = r - \frac{1}{2}c + s$（农户固定的承包地 $\bar{x}$ 减去转出地等于农地最优经营规模 x^*）。

以此类推，对转入户（$x^* < \bar{x}$）而言，其均衡解 x^* 需满足一阶条件：

$$pf_x(e,\ l_a,\ x) = r + \frac{1}{2}c + s \qquad\qquad (5-7)$$

式（5-7）中，当 $pf_x(e,\ l_a,\ x) > r - \frac{1}{2}c + s$（农户固定的承包地 $\bar{x}$ 小于农地最优经营规模 x^*）时，农户会选择继续转入农地，直到 $pf_x(e,\ l_a,\ x) = r - \frac{1}{2}c + s$（农户固定的承包地 $\bar{x}$ 加上转入地等于农地最优经营规模 x^*）。

另外，除转出户和转入户外，有些农户会保持现状，既不转出农地也不转入农地（$x^* = \bar{x}$），对这类农户而言，其均衡解 x^* 需满足一阶条件：

$$r - \frac{1}{2}c + s < pf_x(e,\ l_a,\ x) < r + \frac{1}{2}c + s \qquad\qquad (5-8)$$

式（5-8）中，由于存在交易费用 c，使得部分本应该积极参与农地流转市场的农户选择了维持现状，既不转出农地也不转入农地，进而抑制了其农地流转行为。而根据第 3 章的理论分析，产权稳定性会降低农地交易费用，那么本书提出如下假说：产权稳定性将会促进农户的农地流转行为。

5.3　变量选择与模型设置

5.3.1　变量选择与说明

结合前面的理论分析及已有的文献，本书主要涉及因变量、关键自变量和控制变量三大类变量。具体变量的选择和说明如下：

5.3.1.1　因变量

为了深入考察农户的农地流转行为，本书不仅考察了农户是否发生农地流转行为（用"农户是否发生农地转出行为"和"农户是否发生农地转入行为"将转出户和转入户进行区分），而且还进一步询问了农户农地流转的程度（农户农地转出的具体面积和农地转入的具体面积）。

5.3.1.2　关键自变量

本书主要从农地产权的法律稳定和事实稳定两个维度识别农地产权稳定性。具体而言，农地产权的法律稳定是农地产权的一种法律状态，一般通过国家法律来界定产权，以表明该农地的产权受到国家法律和政策保护（Van Gelder，

2010）。已有文献一般选用土地证书发放比例、土地登记或确权作为农地产权法律稳定的代理变量（Deininger and Jin，2003；Bouquet，2009）。借鉴上述研究成果，本书在农户问卷的地块环节中，设计"这块地是否有相应使用凭证（土地承包合同或土地承包经营权证书）？"这个问题用来考察农地产权的法律稳定。在后文的分析中，通过计算转化为农户拥有地块使用凭证比例替代。

实际生活中，除了要明确法律层面上的农地稳定，更应关注政策落实后事实上的产权稳定。事实稳定是基于对产权控制的实际情况对产权进行界定，具体包括所持有权利的类型、时限及行使的确定性（Place et al.，1994）。事实稳定与法律层面所承认和保护的法律稳定相比，更能反映产权稳定的实际状况（Van Gelder，2009）。学者一般用农地调整情况用来衡量农地产权的事实稳定（Deininger and Jin，2006；马贤磊等，2009）。本书沿袭这一思路，在村级问卷里通过设计"二轮承包以来，村里面土地调整了多少次？"这个问题来衡量农地产权稳定性的事实稳定。

5.3.1.3 控制变量

控制变量中主要包括户主个人特征变量、家庭特征变量、村庄特征变量和省级虚拟变量四方面：

第一，户主个人特征变量。一般包括户主的年龄和受教育程度等。因为户主是农业生产活动的决策者，所以其个人特征对农地流转可能有重要的影响。随着户主年龄的增长，其体能和精力不断衰退，越容易转出土地（Masterson，2007）；户主的受教育水平越高，获得非农就业机会的可能性也越大，越有可能转出农地。除此外，部分学者还关注到风险规避对农户农地流转行为的影响（孙小龙和郭沛，2016）。

本书参考已有研究，在模型中引入风险规避变量。具体考虑如下：已有研究在测度农户风险规避时，主要使用实际风险行为观察方法、感觉寻求量表法以及风险游戏方法，其中风险游戏方法是最常用的方法。与其他两种方法相比，风险游戏方法更贴近实际情景、可行性更强、所获取数据更加准确且便于分析（Binswanger，1981；Kachelmeier and Shehata，1992；李涛和郭杰，2009）。为了对样本农户风险规避程度进行有效测度，本书采用风险游戏方法。在具体操作过程中，借鉴了 Holt 和 Laury（2000）的方法，将实验过程分为三个环节。第一环节，确定游戏激励收益。因为该游戏持续过程约 0.5 个小时，为确保农户认真参与游戏，如实反映农户的风险规避，为此项目组为游戏参与农户提供了平均额度为 25 元（约占当地打工日收入的 30%）的收益激励。第二环节，开展风险游戏。设计 10 组游戏方案（见表 5 - 1），游戏参与者需从每组方案中做出选择 A 选项（低风险选项）或 B 选项（高风险选项）的决定，每个选项对应着不同的现金奖励。如在方案 1 中，A 选项有 1/10 的概率获得 20 元，有 9/10 的概率获得 16 元；而 B 选项有 1/10 的概率获得 35 元，有 9/10 的概率获得 5 元。相对于 A 选项，B 选项被称为高风险选项。在风险游戏中，只对其中某一组游戏方案进行抽奖。为了能够保证农户都认真对待每一轮正式游戏，奖金发放所对应那一组游戏方案将会在 10 组游戏方案的选择决定全部完成后，由农户随机抽球选择。为了能够让农户更加了解游戏的规则，在正式游戏之前，加入了一轮示范游戏，示范游戏不涉及奖金发放。第三环节，计算风险规避指数。参照仇焕广等（2014）的研究，风险规避指数 = 1 - （选择 B 选项的次数/10）。若农户选择 B 选项的次数为 0，则风险规避指数为 0.9①（极端风险规避者）；反之，农户选择 B 选项的次数为 10，则风险规避指数为 0（极端风险偏好者）。

表 5 - 1 风险规避游戏设计

游戏方案	A 选项				B 选项			
	概率	奖金	概率	奖金	概率	奖金	概率	奖金
1	1/10	20	9/10	16	1/10	35	9/10	5
2	2/10	20	8/10	16	2/10	35	8/10	5
3	3/10	20	7/10	16	3/10	35	7/10	5
4	4/10	20	6/10	16	4/10	35	6/10	5
5	5/10	20	5/10	16	5/10	35	5/10	5
6	6/10	20	4/10	16	6/10	35	4/10	5
7	7/10	20	3/10	16	7/10	35	3/10	5
8	8/10	20	2/10	16	8/10	35	2/10	5
9	9/10	20	1/10	16	9/10	35	1/10	5
10	10/10	20	0/10	16	10/10	35	0/10	5

第二，家庭特征变量。具体包括农户家庭人口数量、非农就业人数和农地资源禀赋等。家庭人口数量或家庭劳动力数量多的农户基于家庭正常生活的考虑，并不一定会把农地流转出去。家庭非农就业人数越多，越有可能继续从事非农生

---

① 所有游戏方案都选"A 选项"的农户样本属于无效样本（已剔除），因为在游戏方案 10 中，B 选项获得 35 元奖金的概率为 10/10。

产活动。因此，这样的农户越容易转出土地（Kung，2002）。家庭拥有的初始土地资源对农户是否流转土地也有重要影响（Yao，2000；钱忠好，2008）。

第三，村庄特征变量。主要包括村庄的经济水平和地理环境。在经济越发达的村庄，土地流转将更为活跃（Lerman 等，2007；程令国等，2016）。此外，村庄到中心城市的距离越近，地理环境越优越，获得非农就业信息的途径也越多，进城务工的交通成本也越低，农户租出土地从事非农生产活动的可能性就越大（李孔岳，2009；陈飞等，2015）。

第四，省级虚拟变量。不同省份经济发展水平等不可观测的因素也可能会在一定程度上影响农户农地流转行为。

本章所涉及有关变量的定义及描述性统计结果如表 5-2 所示。

表 5-2　变量的定义及描述性统计

变量名称	单位或含义	平均值	标准差
因变量			
农地是否转出	是 =1，否 =0	0.156	0.363
农地是否转入	是 =1，否 =0	0.288	0.453
农地转出面积	公顷	0.038	0.143
农地转入面积	公顷	0.223	1.179
主要自变量			
使用凭证比例	%	73.313	42.399
农地调整次数	次	0.341	0.474
户主特征变量			
年龄	岁	53.654	10.132
受教育程度	年	6.999	3.142
风险规避程度	极端风险规避者 =1，极端风险偏好者 =0，其余介于两者之间	0.463	0.235
家庭特征变量			
总人口	人	4.501	1.757
非农就业人数	人	1.511	1.118
承包地面积	公顷	0.478	0.455
村庄特征变量			
村级人均收入	千元	6.643	3.758
村到县城的距离	公里	26.438	19.350

续表

变量名称	单位或含义	平均值	标准差
省级虚拟变量			
山东	是 = 1，否 = 0	0.123	0.329
陕西	是 = 1，否 = 0	0.126	0.332
吉林	是 = 1，否 = 0	0.124	0.330
浙江	是 = 1，否 = 0	0.126	0.332
河南	是 = 1，否 = 0	0.126	0.332
甘肃	是 = 1，否 = 0	0.124	0.330
湖南	是 = 1，否 = 0	0.126	0.332
四川	是 = 1，否 = 0	0.125	0.331

5.3.2　模型设置

根据前面分析可知，农户的农地流转行为受多种因素的影响。因此，为考察产权稳定性对农户农地流转行为的影响，本章建立如下计量模型：

$$Rent_i = a_0 + \sum_{s=1}^{2} \beta_s \cdot T_i^s + \sum_{h=1}^{3} \delta_h \cdot H_i^h + \sum_{f=1}^{3} \gamma_f \cdot F_i^f + \sum_{v=1}^{2} \eta_v \cdot V_i^v + \varepsilon_i \quad (5-9)$$

式（5-9）中，$Rent_i$ 为因变量，代表第 i 个农户 2012 年的农地流转情况，采用两种方式进行衡量：①第 i 个农户是否发生农地转出（转入）行为（1 = 是；0 = 否）；②第 i 个农户农地转出（转入）的具体面积（公顷）。模型右侧的 T^s、H^h、F^f 和 V^v 是一系列影响农户农地流转行为的自变量。其中，T^s 为模型的主要自变量，表示第 i 个农户的农地产权稳定性情况，选用农户拥有土地使用凭证的比例和二轮承包以来村级土地调整频率（次数）分别作为产权法律稳定和事实稳定的识别变量。H^h 表示第 i 个农户家庭户主个人特征变量（年龄、受教育程度和风险规避程度）。F^f 表示第 i 个农户家庭特征变量（家庭总人口、非农就业劳动力人数和家庭承包地面积）。V^v 表示第 i 个农户所在村庄特征变量（村级人均收入和村到县城的距离）。此外，为控制各省社会经济发展水平等无法直接观察但对农户农地流转行为有一定影响的因素，本书在模型中添加了 7 个省级虚拟变量，模型估计时以山东省作为对照省。模型中，α_1 是常数项，α_0、β_s、δ_h、γ_f 和 η_v 是待估参数，ε_i 是随机扰动项。

5.4 计量结果与分析

5.4.1 描述性证据

5.4.1.1 产权稳定性与农地流转行为

为了考察产权稳定性对农户农地流转的影响，本章按照农地产权法律稳定和事实稳定等特征对样本农户进行了分类，用来描述产权稳定性与农户农地流转行为之间的关系（见表5-3）。描述性统计分析结果表明，样本区域农户农地流转的比例为28.79%，农地流转的平均面积为0.22公顷[①]。

表5-3 产权稳定性与农户农地流转行为的关系

	样本农户	农地转出		农地转入	
		概率（%）	规模（公顷）	概率（%）	规模（公顷）
总样本	1136	15.58	0.04	28.79	0.22
使用凭证比例					
0	268	11.57	0.02	18.28	0.06
(0, 100)	86	16.28	0.04	24.42	0.19
100	782	16.88	0.04	32.86	0.28
农地调整次数					
0	710	15.49	0.05	31.83	0.30
(0, 3]	378	16.14	0.03	24.60	0.10
>3	48	12.50	0.02	16.67	0.02

从农地产权法律稳定的角度来看，使用凭证比例越高的农户更倾向于流转农地，且流转面积相对较大。数据显示，使用凭证比例为100%的农户家庭中，农地转出的农户比例为16.88%，比其他两类农户分别高出5.31个百分点和0.60个百分点；该类型农户农地转出的平均面积为0.04公顷，而无使用凭证的农户

---

① 如前文所述，这里主要用农户农地转入的情况代表农户农地流转的基本状况。

农地转出平均面积只有 0.02 公顷。使用凭证比例为 100% 的农户家庭中，农地转入的农户比例为 32.86%，比其他两类农户分别高出 14.58 个百分点和 8.44 个百分点；该类型农户农地转出的平均面积为 0.28 公顷，农地流转面积比其他两类农户分别多 0.22 公顷和 0.09 公顷。

从农地产权事实稳定的角度来看，农地调整越频繁，农户农地流转的概率越小，面积也越少。数据显示，农地调整次数超过 3 次的农户样本中，有 12.50% 的农户发生了农地转出行为，这一比例比其他两类农户分别低 2.99 个百分点和 3.64 个百分点；该类型农户农地转出的平均面积为 0.02 公顷，比其他两类农户分别少 0.03 公顷和 0.01 公顷。农地调整次数超过 3 次的农户样本中，有 16.67% 的农户发生了农地转入行为，这一比例比其他两类农户分别低 15.16 个百分点和 7.96 个百分点；该类型农户农地转入的平均面积为 0.02 公顷，比其他两类农户分别少 0.28 公顷和 0.08 公顷。

5.4.1.2　其他因素与农地流转行为

综上所述，除产权稳定性外，户主个人特征变量、家庭特征变量、村庄特征变量和省级虚拟变量等也可能会影响农户农地流转行为。本书将这些变量与农户农地流转行为的统计关系列于表 5-4。从描述性统计上看，户主年龄、受教育程度、家庭非农就业人数和村到县城的距离等似乎与农户农地流转比例及农地流转面积呈一定的正（负）相关关系。

表 5-4　其他因素与农地流转行为的关系

变量	样本农户	农地转出		农地转入	
		概率（%）	规模（公顷）	概率（%）	规模（公顷）
户主特征					
户主年龄（岁）					
≤45	270	10.74	0.02	34.07	0.41
(45, 60]	567	14.11	0.04	29.10	0.20
>60	299	22.74	0.06	23.41	0.09
户主受教育程度（年）					
≤6	500	17.00	0.04	31.20	0.28
[7, 9]	495	13.94	0.04	27.88	0.16
>9	141	16.31	0.04	23.40	0.26

续表

变量	样本农户	农地转出		农地转入	
		概率（%）	规模（公顷）	概率（%）	规模（公顷）
风险规避程度					
[0, 0.3]	226	20.00	0.06	27.38	0.27
[0.4, 0.6]	585	14.70	0.04	28.03	0.23
[0.7, 0.9]	325	11.50	0.02	32.74	0.15
家庭特征					
家庭总人口（人）					
≤3	329	18.54	0.03	29.18	0.25
[4, 5]	526	14.45	0.04	32.13	0.24
≥6	281	14.23	0.05	22.06	0.16
非农就业人数（人）					
0	228	14.47	0.03	35.96	0.52
(0, 2]	710	14.93	0.03	28.31	0.17
>2	198	19.19	0.07	22.22	0.07
家庭承包地面积（公顷）					
≤0.2	278	14.39	0.02	30.22	0.15
(0.2, 0.5]	543	17.31	0.03	30.20	0.17
>0.5	315	13.65	0.07	25.08	0.38
村庄特征					
村级人均收入（千元）					
<5	451	13.97	0.04	25.28	0.17
[5, 8]	362	11.60	0.03	32.60	0.23
>8	323	22.29	0.05	29.41	0.28
村到县城的距离（公里）					
≤20	564	17.91	0.04	30.85	0.21
>20	572	13.29	0.03	26.75	0.23

从户主个人特征来看，户主年龄越大，一方面其发生农地转出行为的比例越高且农地转出面积也越大，另一方面其发生农地转入行为的比例越低且农地转入面积也越小。数据显示，户主年龄在 60 岁以上的农户家庭，其农地转出

的比例为 22.74%，比户主年龄在 45 岁及以下的农户家庭高 12.00 个百分点，比户主年龄在 46～60 岁的农户家庭高 8.63 个百分点；该类型农户农地转出的面积为 0.06 公顷，比其他两类农户分别多 0.04 公顷和 0.02 公顷。此外，户主年龄在 60 岁以上农户家庭，其农地转入的比例为 23.41%，分别比其他两类农户低 10.66 个百分点和 5.69 个百分点；该类型农户农地转入的面积为 0.09 公顷，比其他两类农户分别少 0.32 公顷和 0.11 公顷。户主受教育程度越高的农户，其参与农地转入的比例越低。户主的受教育年数超过 9 年，其家庭农地转入的比例为 23.40%，分别比其他两类农户低 7.80 个百分点和 4.48 个百分点。此外，基于风险规避角度：从转出方面来看，农户风险规避程度越高，农地转出的概率越小，转出面积也越少。数据显示，与风险规避指数在 0.7 以下的两类农户相比，风险规避指数在 0.7 及以上的农户农地转出比例为 11.50%，分别比其他两类农户低 8.50 个百分点和 3.20 个百分点。与此同时，该类农户农地转出的平均面积为 0.02 公顷，比风险规避指数在 0.3 及以下的农户少 0.04 公顷，比风险规避指数在 0.4～0.6 的农户少 0.02 吨/公顷。从转入方面来看，农地转入的概率越大，但农地转入的面积却越小。与风险规避指数在 0.7 以下的两类农户相比，风险规避指数在 0.7 及以上的农户农地转入比例为 32.74%，比其他两类农户分别高出 5.36 个百分点和 4.71 个百分点；但该类型农户农地转入的平均面积为 0.15 公顷，农地转入面积比其他两类农户分别少 0.12 公顷和 0.08 公顷。

从村庄特征来看，农户所在村庄离县城越远，其参与农地转出的比例越低，转出面积也越少。数据显示，村到县城的距离在 20 公里以外的农户，其农地转出的比例（13.29%）较距离在 20 公里以内的农户（17.91%）低 4.62 个百分点，其农地转出的平均面积（0.03 公顷）比距离在 20 公里以内的农户（0.04 公顷）少 0.01 公顷。

描述性统计分析的结果表明，农户的农地流转行为可能与产权稳定性、户主个人特征、农户家庭特征以及农户所在村庄特征有一定关系，但仅是做了单因素简单的相关分析，在分析某一因素对农户农地流转行为影响时，并没有控制其他因素的影响，因此很难将这一因素的影响单独分离出来。为此，需要借助式（5-9）计量经济学模型的方法，将各个因素对农户农地流转行为的影响独立分解出来。

5.4.2　主要回归结果

考虑到农户农地流转行为是一个典型的两阶段决策行为：农户在第一阶段主要考虑是否流转农地，在第二阶段主要考虑农地流转的实际规模。因此，当检验产权稳定性对农户农地流转行为的影响时，本书设置了两个层面的估计方法。首先，检验产权稳定性对农户是否流转农地的影响（对农地转出和农地转入两个方程分别进行估算），考虑到农户是否流转农地是离散选择行为，先用 Logit 模型对方程进行估计，并估计有关自变量标准化的边际概率；同时，为了考察估计结果的稳健性，用线性概率 LPM 模型进行再次估计。其次，检验产权稳定性对农户农地流转规模（面积）的影响，考虑到很多农户没有发生农地流转行为，观察到的农地流转面积为 0，若此时把农地流转规模简单地设定为线性方程，并运用 OLS 对方程进行回归，将会导致模型的估计结果出现偏差。为了得到一致估计，采用 Tobit 模型进行估计：

$$R_i = \begin{cases} R_i^* = x_i'\beta + u_i \\ 0 \end{cases} \text{或} \begin{cases} R_i^* > 0 \\ R_i^* \leqslant 0 \end{cases} \tag{5-10}$$

式（5-10）中，因变量 R_i 为第 i 个农户农地流转的实际面积，取值为非负数。R_i^* 是一个潜变量，只有当 $R_i^* > 0$ 时，$R_i = R_i^*$，否则 $R_i = 0$。自变量组 $x_i = x(T_i, H, F, V)$，β 是本模型所要估计的回归系数，反映的是 x_i 对 R_i^* 的影响。u_i 为随机误差项，假设服从正态分布。

然而，Tobit 模型的直接估计结果并没有直观的经济学含义，为此，在估计出 Tobit 模型后，本书进一步估计了农地流转面积大于 0 的情况下相关自变量的条件边际效益（$E(R \mid R > 0, X)$）。

5.4.2.1　主要自变量的影响

利用调查数据对模型进行回归，从估计结果（见表 5-5 和表 5-6）来看，模型运行结果良好，多数解释变量的系数符号和预期相吻合，而且统计检验十分显著。这表明模型运行较为稳定，能够较好地解释产权稳定性对农户农地流转行为的影响。根据模型估计结果，可以发现：无论是在农地转出方程还是农地转入方程，农地产权法律稳定和事实稳定变量对农户转出农地和农地转入都有显著的影响。Logit 模型的估计结果显示，在保持其他因素不变的情况下，农地使用凭证每上升 1 个百分点，农户转出和转入农地的概率将都上升 0.07 个百分点，村级农地调整每增加 1 次，农户转出和转入农地的概率将分别下降 2.37 个百分点和 1.88 个百分点。

表5-5 产权稳定性对农户是否流转农地的影响估计结果

变量	农地转出		农地转入	
	Logit 系数（1）	Logit 边际效应（2）	Logit 系数（3）	Logit 边际效应（4）
主要自变量				
使用凭证比例	0.0061**	0.0007	0.0040**	0.0007
	（0.0026）		（0.0019）	
农地调整次数	-0.2028***	-0.0237	-0.1015*	-0.0188
	（0.0665）		（0.0616）	
户主特征变量				
年龄	0.0355***	0.0041	-0.0410***	-0.0076
	（0.0101）		（0.0077）	
受教育程度	0.0406	0.0047	-0.0229	-0.0042
	（0.0315）		（0.0234）	
风险规避程度	-1.0557***	-0.1232	0.4435	0.0819
	（0.3693）		（0.3063）	
家庭特征变量				
总人口	-0.1044	-0.0122	0.0780	0.0144
	（0.0649）		（0.0474）	
非农就业人数	0.1416	0.0165	-0.2776***	-0.0513
	（0.0992）		（0.0777）	
承包地面积	0.6776**	0.0791	-0.5346**	-0.0988
	（0.2925）		（0.2426）	
村庄特征变量				
村级人均收入	0.0680**	0.0079	0.0231	0.0043
	（0.0275）		（0.0230）	
村到县城的距离	-0.0014	-0.0002	-0.0073*	-0.0013
	（0.0065）		（0.0038）	
省级虚拟变量				
陕西	-1.1539***	-0.1347	0.0093	0.0017
	（0.4423）		（0.2945）	
吉林	-1.5179**	-0.1772	0.9105***	0.1682
	（0.6042）		（0.3460）	
浙江	-0.0016	-0.0002	-0.1619	-0.0300
	（0.3504）		（0.3052）	

变量	农地转出		农地转入	
	Logit 系数（1）	Logit 边际效应（2）	Logit 系数（3）	Logit 边际效应（4）
河南	1.3827*** （0.3276）	0.1614	-0.7507** （0.3379）	-0.1387
甘肃	-1.1167** （0.4704）	-0.1303	-0.2750 （0.3129）	-0.0508
湖南	-0.2496 （0.3476）	-0.0291	0.4083 （0.2788）	0.0754
四川	0.8314** （0.3312）	0.0970	0.9657*** （0.2844）	0.1784
常数项	-4.2229*** （0.8716）		1.1462* （0.6372）	
样本数	1136		1136	
Pseudo R^2	0.1237		0.0855	
Log pseudo likelihood	-430.6957		-623.52489	

注：小括号内数值为稳健标准误；***、**和*分别表示通过了1%、5%和10%统计水平的显著性检验。

为进一步探索产权稳定性与农户农地流转规模之间的关系，本书对样本数据进行了Tobit模型回归。从回归结果（见表5-6）来看，模型拟合度较好，多数解释变量的系数符号和表5-5估计结果一致，农地产权法律稳定和事实稳定变量对农户农地流转规模同样有显著的负向影响。例如，模型（6）和模型（8）的估计结果显示，在控制其他特征变量后，农地使用凭证每上升1个百分点，农户农地转出和转入的面积将分别增加0.03公顷和0.17公顷，村级农地调整每增加1次，农户农地转出和转入的面积将分别减少0.01公顷和0.03公顷。

表5-6 产权稳定性对农户农地流转规模的影响估计结果

变量	农地转出		农地转入	
	Tobit 系数（5）	Tobit 边际效应（6）	Tobit 系数（7）	Tobit 边际效应（8）
主要自变量				
使用凭证比例	0.0015** （0.0006）	0.0003	0.0074*** （0.0029）	0.0017

续表

变量	农地转出		农地转入	
	Tobit 系数（5）	Tobit 边际效应（6）	Tobit 系数（7）	Tobit 边际效应（8）
农地调整次数	- 0.0525 *** （0.0159）	- 0.0100	- 0.1201 * （0.0722）	- 0.0284
户主特征变量				
年龄	0.0102 *** （0.0029）	0.0019	- 0.0543 *** （0.0148）	- 0.0128
受教育程度	0.0132 （0.0084）	0.0025	- 0.0314 （0.0304）	- 0.00745
风险规避程度	- 0.3099 *** （0.0888）	- 0.0589	0.1155 （0.4087）	0.0273
家庭特征变量				
总人口	- 0.0243 （0.0151）	- 0.0046	0.2026 ** （0.0792）	0.0478
非农就业人数	0.0574 ** （0.0278）	0.0109	- 0.4705 *** （0.1406）	- 0.1111
承包地面积	0.2382 ** （0.0938）	0.0452	- 0.9304 ** （0.4172）	- 0.2196
村庄特征变量				
村级人均收入	0.0106 （0.0068）	0.0020	0.0553 （0.0341）	0.0131
村到县城的距离	- 0.0007 （0.0017）	- 0.0001	- 0.0059 （0.0052）	- 0.0014
省级虚拟变量				
陕西	- 0.2890 *** （0.1095）	- 0.0549	0.1797 （0.3334）	0.0424
吉林	- 0.2840 ** （0.1439）	- 0.0540	2.2434 *** （0.6799）	0.5296
浙江	0.0068 （0.0836）	0.0013	- 0.1827 （0.3380）	- 0.0431
河南	0.3109 *** （0.0835）	0.0591	- 0.1171 （0.4472）	- 0.0276

续表

变量	农地转出		农地转入	
	Tobit 系数（5）	Tobit 边际效应（6）	Tobit 系数（7）	Tobit 边际效应（8）
甘肃	− 0. 2909 *** (0. 1103)	− 0. 0553	− 0. 4100 (0. 3399)	− 0. 0968
湖南	− 0. 0730 (0. 0824)	− 0. 0139	0. 4470 (0. 2943)	0. 1055
四川	0. 1852 ** (0. 0802)	0. 0352	0. 9495 *** (0. 3446)	0. 2241
常数项	− 1. 1941 *** (0. 3052)		0. 4850 (0. 7962)	
样本数	1136		1136	
Pseudo R^2	0. 1351		0. 0607	
Log pseudo likelihood	− 372. 44815		− 1038. 7878	

注：小括号内数值为稳健标准误；***、**和*分别表示通过了1%、5%和10%统计水平的显著性检验。

回归结果进一步验证了前面的研究预期，即农地产权法律稳定和事实稳定变量会显著影响农户的农地流转行为。可能的原因是，农地产权不稳定会增加农地流转的交易费用，降低农户农地流转的期望效用，进而导致农户不敢流转或缩小农地流转的规模。这里的交易费用主要包括农地转出后的失地风险以及农地转入时农户与村级组织打交道时所产生的信息成本和谈判签约成本等。具体而言，农地使用凭证比例降低会减少农户农地流转的期望效用，而农地调整提高了农地政策变化的不可预期性，降低了农地使用权和收益权的稳定性，一方面增加了农户农地转出后的失地风险，另一方面减少了农户农地转入的期望效用，进而使得农户不愿流转或不敢流转。

5.4.2.2 控制变量的影响

除此之外，其他控制变量也对农户的农地流转行为产生了影响。从户主个人特征来看，年龄大的户主更可能转出农地。回归结果显示，在保持其他条件不变的情况下，户主年龄每增加1岁，农户农地转出的可能性将增加0.41个百分点，农户农地转入的可能性将减少0.76个百分点；农户转出的面积增加0.002公顷，农户农地转入的面积将减少0.013公顷。因为年龄大的户主已不具备从事农业生产所要求的体力和精力，不能够耕种农地，更不愿意转入农地，从而转出农地。

从风险规避的角度来看，农户风险规避只对农地转出行为有显著的影响，但并不显著影响农户的农地转入行为。模型结果显示，在控制其他变量的情况下，农户风险规避指数每上升 1 个单位，其发生农地转出行为的可能性下降 12.32 个百分点，其农地转出的面积将减少 0.06 公顷。原因可能是，由于农业生产的特殊性，农户面临着自然风险、市场风险和政策风险等诸多风险，而中国农民多为风险规避者，他们为稳定收入，在农业生产过程中通常采取保守行为，如通过施用过量的农药和化肥来避免可能发生的产量损失，而在农地流转决策中往往选择观望及不参与流转来避免风险（马小勇，2006；黄季焜等，2008；李景刚等，2014）。进一步来看，农地转出方和转入方在风险方面处于不对等地位。如当面临自然风险时，转入方的压力更大，因为不管是否有灾害，转入方都必须向转出方支付土地租金，市场风险也有这个特点。但在政策风险方面，转出方似乎面临的压力更大，因为在目前农地确权登记颁证工作未完成进而产权不稳定的情况下，农户将农地流转出去可能面临失去农地的风险，而转入方在不确权的情况下最多面临农地被收回的风险。当前环境下，农地产权处于变动①期，这样会促使转出方处于明显观望状态，而对转入方却并不会有消极影响，甚至可能是正的影响，如转入方趁着产权没完全落实的时候意外获得土地岂不更好。

从农户家庭特征来看，家庭总人口数量显著降低了农户转出农地的可能性。回归结果显示，在控制其他特征变量后，家庭总人口每增加 1 人，农户农地转出和转入的可能性将分别减少和增加 0.01 个百分点。原因可能是，家庭人口多的农户出于维持家庭正常生活的考虑，并不会转出农地，相反会转入农地。家庭非农就业人数与农户转出农地呈显著正相关关系而与农户转入农地呈显著负相关关系。可能是因为家庭非农就业人数越多的家庭，其劳动力机会成本较高，从而更倾向于将农地转出，减少农地转入。农户自家承包地较为充足，其农地转出的可能性相对较大。回归结果显示，在控制其他因素不变后，家庭承包地面积每增加 1 公顷，农户农地转出和转入的可能性将分别增加 7.91 个百分点和减少 9.88 个百分点，农户农地转出和转入的面积将分别增加 0.05 公顷和减少 0.22 公顷。可能的原因是，由于中国农村劳动力市场的不完善，导致农地资源禀赋较多的农户不能够较好地通过雇佣额外劳动力来实现农地和劳动力的优化配置，进而选择转出农地。

从村庄特征变量来看，非农经济越发达、外出务工比例越高的村庄，农户转出土地从事非农生产活动的可能性越大。因为非农或务工人员收入的增加会在乡

---

① 说当前变动主要因为农地确权、三权分置以及长久不变等工作正在进行。

邻中产生强烈的示范效应，并通过邻里之间的交流为其他农户提供更多的就业信息和机会，从而带动更多的农户非农就业。此外，村级人均收入这个变量一方面能够较好地代表村庄的非农经济情况，另一方面能够基本反映村庄的整体经济实力。表5-4显示，村级人均收入对土地转出行为具有显著的正向影响。在村级层面，村庄收入水平越高，农地转出可能性也越大，这在一定程度上表明收入水平高的地区有着更高的农地资源配置效率。

5.4.3　稳健性检验

为了验证本章回归结果的稳健性，本书做了两个稳健性检验：第一，使用LPM计量模型检验产权稳定性对农户是否流转农地的影响。第二，使用OLS计量模型验证产权稳定性对农户农地流转规模的影响。稳健性检验结果如表5-7所示，结果表明主要自变量系数的符号与表5-5和表5-6一致，且统计检验依旧十分显著，这说明农地产权法律稳定和事实稳定对农户农地流转行为确实有显著的影响。

表5-7　稳健性检验的结果

变量	农地是否流转（LPM）		农地流转规模（OLS）	
	转出（9）	转入（10）	转出（11）	转入（12）
主要自变量				
使用凭证比例	0.0007 ***	0.0007 **	0.0002 ***	0.0021 ***
	（0.0003）	（0.0003）	（0.0001）	（0.0008）
农地调整次数	-0.0135 ***	-0.0076 **	-0.0036 ***	-0.0077
	（0.0028）	（0.0035）	（0.0009）	（0.0063）
户主特征变量				
年龄	0.0041 ***	-0.0074 ***	0.0018 ***	-0.0114 ***
	（0.0012）	（0.0013）	（0.0006）	（0.0041）
受教育程度	0.0047	-0.0038	0.0026	-0.0063
	（0.0036）	（0.0043）	（0.0017）	（0.0101）
风险规避程度	-0.1268 ***	0.0805	-0.0511 ***	-0.1401
	（0.0446）	（0.0574）	（0.0127）	（0.1836）
家庭特征变量				
总人口	-0.0106	0.0150 *	0.0781 ***	0.0781 ***
	（0.0071）	（0.0082）	（0.0276）	（0.0276）

续表

变量	农地是否流转（LPM）		农地流转规模（OLS）	
	转出（9）	转入（10）	转出（11）	转入（12）
非农就业人数	0.0145	- 0.0509 ***	- 0.1393 ***	- 0.1393 ***
	(0.0115)	(0.0140)	(0.0438)	(0.0438)
承包地面积	0.0608 **	- 0.1021 **	- 0.3370 *	- 0.3370 *
	(0.0263)	(0.0449)	(0.1835)	(0.1835)
村庄特征变量				
村级人均收入	0.0098 **	0.0044	0.0171	0.0171
	(0.0039)	(0.0044)	(0.0130)	(0.0130)
村到县城的距离	- 0.0001	- 0.0014 **	0.0002	0.0002
	(0.0006)	(0.0007)	(0.0019)	(0.0019)
省级虚拟变量				
陕西	- 0.0923 **	0.0131	0.1388	0.1388
	(0.0389)	(0.0547)	(0.0871)	(0.0871)
吉林	- 0.1339 ***	0.1992 ***	1.0718 ***	1.0718 ***
	(0.0507)	(0.0703)	(0.3380)	(0.3380)
浙江	0.0217	- 0.0224	- 0.0277	- 0.0277
	(0.0468)	(0.0532)	(0.0637)	(0.0637)
河南	0.1914 ***	- 0.1100 **	0.2978	0.2978
	(0.0505)	(0.0526)	(0.1877)	(0.1877)
甘肃	- 0.0708 *	- 0.0379	- 0.0534	- 0.0534
	(0.0399)	(0.0575)	(0.0773)	(0.0773)
湖南	- 0.0215	0.0883	0.0379	0.0379
	(0.0442)	(0.0564)	(0.0453)	(0.0453)
四川	0.1342 **	0.2006 ***	0.0393	0.0393
	(0.0524)	(0.0594)	(0.0523)	(0.0523)
常数项	- 0.1470	0.6542 ***	0.5077 *	0.5077 *
	(0.0982)	(0.1146)	(0.2742)	(0.2742)
样本数	1136	1136	1136	1136
R^2	0.099	0.095	0.091	0.091
F	7.02	9.51	2.61	2.61

注：小括号内数值为稳健标准误；***、**和*分别表示通过了1%、5%和10%统计水平的显著性检验。

5.5　本章小结

本章首先从理论上分析了产权稳定性对农户农地流转行为的影响，然后利用山东、陕西、吉林、浙江、河南、甘肃、湖南和四川 8 省 1136 个农户的调查数据，实证检验了产权稳定性对农户是否参与农地流转市场和农地流转规模的影响。理论分析结果表明，农地产权不稳定，会造成农地产权的不完整，增加农地流转的交易费用，对农户的农地流转行为具有反向作用。实证研究中选用农户拥有土地使用凭证的比例和二轮承包以来村级土地调整频率（次数）分别作为农地产权法律稳定和事实稳定的识别变量。计量模型估计结果表明，农地产权法律稳定和事实稳定变量对农户转出农地和农地转入都有显著的影响。在保持其他条件不变的情况下，农地使用凭证每上升 1 个百分点，农户转出和转入农地的概率将都上升 0.07 个百分点；村级农地调整每增加 1 次，农户转出和转入农地的概率分别将下降 2.37 个百分点和 1.88 个百分点。同时，在控制其他特征变量后，农地使用凭证每上升 1 个百分点，农户农地转出和转入的面积将分别增加 0.03 公顷和 0.17 公顷；村级农地调整每增加 1 次，农户农地转出和转入的面积将分别减少 0.01 公顷和 0.03 公顷。

根据以上研究结论，可以得到如下重要的政策启示：第一，要继续严格落实中央限制农地调整的政策，多措并举做好农地承包经营权确权登记颁证工作，提高农地产权的法律稳定和事实稳定。第二，要加强对流转的规范管制，降低农地流转风险。第三，要推动农村劳动力非农就业，发挥农地流转市场的功能，进一步促进农地流转健康有序进行。

第6章 产权稳定性对农地投资的影响

本章主要基于全国 8 省 2308 个地块的调查数据，从农地产权法律稳定和事实稳定两个角度出发，运用 Logit 模型和 Tobit 模型实证检验产权稳定性对农户长期投资行为的影响。结构安排如下：第一部分，引言。第二部分，理论分析。第三部分，变量选择与模型设置。第四部分，计量结果与分析。第五部分，小结。

6.1　引　言

民以食为天，粮食安全是一国经济发展、社会稳定、国家自立的基础。2004 ~ 2015 年中国粮食生产实现了"十二连增"，到 2016 年产量虽略有下降，但依然维持在 6.16 亿吨的高产水平。尽管粮食产量连年丰收，但粮食生产的生态环境承载压力不断加大，其中对耕地质量带来的影响尤为突出。根据原国土资源部和农业部数据显示，截至 2016 年末，全国耕地面积为 20.24 亿亩，其中中等和低等地占全国耕地的比重高达 70.5%；全国耕地土壤有机质含量仅为 2.08%，明显低于发达国家 2.5% ~ 4.0% 的水平。因此，稳定耕地数量、提升耕地质量成为未来中国确保粮食安全的必然选择。

在这样的现实背景下，要保持数量不减、质量不降的农地存量，以满足粮食生产的需求，不仅需要政府的宏观调控，更需要农户的自身努力，尤其是有机肥使用、打井、修渠等农地投资行为（陈江龙等，2003）。从宏观政策来看，自 2004 年以来，中央多个"一号文件"都提出要加强耕地质量保护，2017 年中央"一号文件"更是强调要"持续加强农田基本建设，实施耕地质量保护和提升行动，开展有机肥替代化肥试点"。从农户层面来看，产权稳定性是影响农户进行农地投资的重要政策手段之一。然而，由于研究地区与方法的差异，关于地权稳定性与农户投资行为的关系至今仍无定论。多数学者认为土地使用权的稳定性对农户长期投资行为有促进作用（Feder et al.，1992；Abdulati et al.，2010），而且使用权稳定性越高，农户对农业生产的长期投资越多（姚洋，1998；俞海等，2003；许庆和章元，2005）。但是，也有学者认为地权稳定性对农户投资行为并没有显著影响（Jacoby et al.，2007），甚至对投资激励有反向作用（Besley，1995）。

已有研究探讨了产权稳定性与农户投资行为的关系，为农地产权制度改革提供了重要的理论参考，但仍然存在一些可改进的空间：第一，研究视角的改进。产权稳定性包括法律、事实（实际）和感知三个层面的稳定（Van Gelder，2010），现有文献主要选用法律稳定或事实稳定两者之一作为衡量产权稳定性的指标，多数文献没有把产权的法律稳定和事实稳定放在同一个框架内进行分析①。第二，研究数据的改进。多数研究基于小样本的农户数据，一方面可能会出现由于样本量小、代表性不足而导致产权稳定差异性不大的问题；另一方面忽视了地块层面差异化的影响，受家庭联产承包责任制农地分配规则的影响，农村每家每户的承包地都是由多块不同质量的农地构成，不仅土地质量有差异，地块的面积、所处地理位置、离水源的距离等都不同，而地块本身的客观条件也会在一定程度上影响农户投资。鉴于此，本书利用全国8省地块层面的数据，从农地产权的"法律稳定"和"事实稳定"的角度，检验产权稳定性对农户长期投资行为的影响，为农地产权制度改革提供针对性的政策建议。

6.2 理论分析

本书用一个两阶段农户决策模型作为检验产权稳定性对农户农地投资行为的实证研究基础。在任何时期，效用都被定义为消费，那么家庭的标准效用函数为 $U(C_1，C_2) = \ln(C_1) + \theta\ln(C_2)$，这里的 C_1 和 C_2 是农户家庭在第一阶段和第二阶段的消费，θ 是贴现率。本书假定农户每一阶段的劳动力都是固定的，第一阶段和第二阶段的劳动力分别为 $\overline{L}_1$ 和 $\overline{L}_2$，每个阶段农户都可以分配劳动力从事农业

---

① 因为产权感知稳定是一种主观判断，会受到法律稳定、事实稳定及个人特征的影响，存在内生和多重共线的问题，一般不和法律稳定、事实稳定放在一起分析。

劳动（l^a）、非农工作（l^o）[1] 和农地投资（l^i），与土地有关的初始资本为 K_1。在第一阶段，农户可以把初始资本 K_1 和从事农业劳动的劳动力 l^a 投入到农业生产中，那么第一阶段农户家庭的农业生产函数为 $Y_1 = f(K_1 + l_1^a)$。同时，农户在第一阶段还可以安排一定的劳动力（l^i）进行农地投资，从而增加第二阶段的资本存量，即 $K_2 = K_1 + e(l_1^i)$。这里，为简化起见，本书假定 $e(l_1^i)$ 关于 l_1^i 是非减的。另外，在第一阶段结束后，村级层面有可能会对农户的农地进行调整或重新分配。本书假设这种产权不稳定的概率为 $\delta \in [0, 1]$，并假设 $\delta(S_2(S_1, l_1^i))$ 是产权稳定在第二阶段（S_2）的函数，而 S_2 同样是产权稳定和进行农地投资劳动力（l^i）在第一阶段（S_1）的函数，本书假设 $\partial \delta / \partial S_2 > 0$，$\partial^2 \delta / \partial^2 S_2 < 0$，$\partial S_2 / \partial S_1 > 0$，$\partial S_2 / \partial l_1^i > 0$，$\partial^2 S_2 / \partial^2 S_1 < 0$，$\partial^2 S_2 / \partial S_1 \partial l_1^i < 0$，$\partial^2 S_2 / \partial^2 l_1^i < 0$。那么，第二阶段的农户家庭的农业生产函数为 $Y_2 = \delta(S_2(S_1, l_1^i))f(K_1 + e(l_1^i), l_2^a)$。此时，农户家庭效用最大化的问题可以表述如式（6-1）：

$$Max\ U(C_1, C_2) = \ln(C_1) + \theta \ln(C_2)$$
$$s.t.\ [f(K_1 + l_1^a) + l_1^o w_1 - C_1] + [\delta(S_2(S_1, l_1^i))f(K_1 + e(l_1^i), l_2^a) + l_2^o w_2 - C_2]$$
$$l_1^a + l_1^o + l_1^i \leqslant \overline{L}_1, \quad l_2^a + l_2^o + l_2^i \leqslant \overline{L}_2 \tag{6-1}$$

鉴于生产和消费的可分离性，进一步简化：

$$Max(1+r)[f(K_1 + l_1^a) + l_1^o w_1] + [\delta(S_2(S_1, l_1^i))f(K_1 + e(l_1^i), l_2^a) + l_2^o w_2]$$
$$s.t.\ l_1^a + l_1^o + l_1^i \leqslant \overline{L}_1, \quad l_2^a + l_2^o + l_2^i \leqslant \overline{L}_2 \tag{6-2}$$

为解决最大化的问题，本书把 $l_1^a = \overline{L}_1 - l_1^o - l_1^i$ 和 $l_2^a = \overline{L}_2 - l_2^o - l_2^i$ 代入目标函数式（6-2），并求其一阶条件：

$$-(1+r)f'(K_1 + l_1^a) + \delta'(S_2(S_1, l_1^i))S_2'(S_1, l_1^i)f(K_1 + e(l_1^i), l_2^a) + f'(K_1 + e(l_1^i), l_2^a)e'(l_1^i)\delta S_2(S_1, l_1^i) = 0 \tag{6-3}$$

$$f'(K_1 + l_1^a) = w_1 \tag{6-4}$$

$$f'(K_1 + e(l_1^i), l_2^a) = w_2 \tag{6-5}$$

这些一阶条件的经济学含义是非常直观的，比如式（6-4）和式（6-5）意味着无论在哪个阶段，农业生产中劳动力的边际产量都应该等于非农工资。式（6-3）意味着在上述假设条件下，第一阶段投资的边际成本等于工资利率。这些一阶条件可以比较静态地分析农地产权稳定性对农地投资行为的影响。

如果产权稳定性是严格外生的，式（6-3）的第二部分将会被删除，这里

可以用 S_1 来替代 $S_2(S_1, l_1^i)$，式（6-3）就可以转化为：

$$-(1+r)f'(K_1+l_1^a)+f'(K_1+e(l_1^i), l_2^a)e'(l_1^i)\delta S_2(S_1, l_1^i)=0 \tag{6-6}$$

把式（6-4）和式（6-5）代入到式（6-8）中，得出：

$$-(1+r)w_1+w_2e'(l_1^i)\delta(S_1)=0 \tag{6-7}$$

对式（6-7）中的 l_1^i 和 S_1 进行求偏导，得到：

$$e''(l_1^i)w_2\delta(S_1)\partial l_1^i+w_2e'(l_1^i)\delta'(S_1)\partial S_1=0 \tag{6-8}$$

假设 $e'(.)>0$，$\delta'(.)>0$，$e''(.)>0$，那么

$$\frac{\partial l_1^i}{\partial S_1}=-\frac{e'(l_1^i)\delta'(S_1)}{e''(l_1^i)\delta(S_1)}>0 \tag{6-9}$$

式（6-9）表明，农地产权越稳定对农户农地投资的效应越强烈。

6.3　变量选择与模型设置

6.3.1　变量选择与说明

为了检验产权稳定性对农户农地投资行为的影响，在参考现有文献的基础上，本章将在实证研究中加入因变量、关键自变量和控制变量三大类变量。相关变量的选择和说明如下：

6.3.1.1　因变量

农地投资指农业经营主体在农业生产过程中以农地为主要载体，为获取农业收入而在农地上进行的劳动力、经营管理和资本等相关要素的投资（投入）。根据农地投资收益回报时间的长短，可以把农地投资划分为农地短期投资（功效在1年之内）和农地长期投资（功效超过1年）两类（许汉石，2009）。农地短期投资以提高农地产出为主要目的，通常包括劳动力、农药、化肥等投入，这些投资可转移；相反，农地长期投资具有不可转移性，其主要目的在于保护农地的长期生产力，通常包括平整土地、梯田建设、改良土壤、种树、施用石灰及石膏、绿肥种植、有机肥施用、磷肥投入等（Gebremedhin and Swinton，2003；Birungi and Hassan，2010；马贤磊，2010；Abdulai et al.，2011；郜亮亮等，2011；Evansa et al.，2015）。

已有文献针对长期投资的研究较多，一般认为施用有机肥是一种改良土壤质

量的长期投资（Jacoby et al.，2002），与其他具有公共支出性质的长期投资（如修渠和打井）相比，施用有机肥是农户自发产生的真实投资行为。因此，多数研究倾向于用有机肥投入作为衡量农地长期投资的指标（郜亮亮等，2011；黄季焜和冀县卿，2012）。借鉴已有研究，项目组在农户问卷的地块环节中，设计"该地块是否施用有机肥"和"该地块施用了多少有机肥"这两个问题来反映农户对农地的长期投资行为。此外，考虑到用有机肥施用作为农地长期投资行为的识别变量可能存在代表性不足的情况，本书还使用农户农田基本建设投资变量进行了比较分析，相关回归表格见附录Ⅱ。

6.3.1.2　关键自变量

本章的关键自变量和第 5 章相同，依旧是从农地产权的法律稳定和事实稳定两个维度识别产权稳定性。沿袭前文的思路，本书用"这块地是否有相应使用凭证"（土地承包合同或土地承包经营权证书）和"二轮承包以来，村里面土地调整了多少次"这两个问题来考察农地产权的法律稳定和事实稳定。

6.3.1.3　控制变量

控制变量中主要包括农户特征变量、地块特征变量、农作物虚拟变量和省级虚拟变量四个方面：

第一，农户特征变量。其特征主要包括户主的年龄、受教育程度、风险规避程度以及农户家庭非农就业人数。鉴于户主在农业生产活动中的重要地位，其个人特征对农户家庭的农地投资行为可能有重要的影响。一般认为，年龄越大的户主农业生产经验越丰富，受教育程度越高的户主了解信息越多，他们越有可能对农地进行投入（Barbier，2007；Ma et al.，2013）。但是，年龄越大的户主其劳动能力相对越差，受教育程度越高的户主非农就业的可能性越大，他们也有可能减少或不对农地进行投资（Xie et al.，2013；Yi et al.，2014）。所以，预期户主的年龄和受教育程度对农地投入的影响是不确定的。家庭非农就业人数越多，劳动力机会成本就越高，农户家庭对农地投资的可能性越小（Lee，2005；王小军等，2013）。其中，风险规避程度的测算见第 5 章。

第二，地块特征变量。具体包括地块离家的距离、地块的面积、质量、类型、是否平整及灌溉条件等。地块离家的距离越远，投入的成本会越大，进行农地投资的可能性及水平可能会越低（郜亮亮和黄季焜，2011）。地块的面积越大，越有利于规模化经营，农地投资回报也越高；但是小农户普遍缺乏投资资金，也可能存在农地经营面积大投入水平较低的情况（Qin and Xu，2013）。因此，地块面积对农户农地投资的影响具有不确定性。地块的质量越好，一方面能够节约投入成本，另一方面投资回报越大（孙妍和徐晋涛，2011）。地块越不平整，越陡峭或越低洼，其投入成本也越大，进行农地投资的可能性及水平也越低（Yi et al.，2014）。再者，地块的土壤类型和灌溉条件等也可能会在一定程度上影响农户的农地投资行为。

第三，农作物虚拟变量。因为不同农作物的生长条件可能不同，所以农户在种植不同农作物地块上的投资行为也有可能不一样。

第四，省级虚拟变量。不同省份经济发展水平等不可观测的因素以及农户施用有机肥的习惯差异，也可能会对农户农地投资行为有一定的影响。

本章所涉及相关变量的定义及描述性统计结果如表6-1所示。

表6-1　变量的定义及描述性统计

变量名称	单位或含义	平均值	标准差
因变量			
是否用有机肥	是=1，否=0	0.194	0.395
有机肥施用量	吨/公顷	1.933	5.822
主要自变量			
有无使用凭证	有=1，无=0	0.672	0.470
农地调整次数	次	1.146	2.749
农户特征变量			
户主年龄	岁	53.487	9.826
户主受教育程度	年	6.960	3.128
风险规避程度	极端风险规避者=1，极端风险偏好者=0，其余介于两者之间	0.478	0.233
家庭非农就业人数	人	1.472	1.052
是否养殖	是=1，否=0	0.559	0.496
地块特征变量			
地块的距离	离家的距离（公里）	0.627	0.589
地块的面积	公顷	0.175	0.484
地块的质量（高）	是=1，否=0	0.401	0.490
地块的质量（中）	是=1，否=0	0.413	0.493
地块的质量（低）	是=1，否=0	0.185	0.389
地块的类型（沙土）	是=1，否=0	0.243	0.429
地块的类型（壤土）	是=1，否=0	0.374	0.484

续表

变量名称	单位或含义	平均值	标准差
地块的类型（黏土）	是=1，否=0	0.383	0.486
是否平地	是=1，否=0	0.741	0.438
能否灌溉	能=1，否=0	0.601	0.490
作物变量			
小麦	是=1，否=0	0.282	0.450
玉米	是=1，否=0	0.484	0.500
水稻	是=1，否=0	0.233	0.423
省级虚拟变量			
山东	是=1，否=0	0.175	0.380
陕西	是=1，否=0	0.070	0.255
吉林	是=1，否=0	0.119	0.324
浙江	是=1，否=0	0.077	0.267
河南	是=1，否=0	0.177	0.382
甘肃	是=1，否=0	0.111	0.315
湖南	是=1，否=0	0.119	0.324
四川	是=1，否=0	0.152	0.359

6.3.2　模型设置

根据已有研究可知，农户农地投资行为受多种因素的影响，除了产权稳定性外，农户家庭特征和地块特征等也可能会影响农户的农地投资行为。为了将产权稳定性对农户农地长期投资的影响分离出来，本书建立如下计量模型：

$$O_{ij} = a_0 + \sum_{s=1}^{2} \beta_s \cdot T_i^s + \sum_{h=1}^{5} \delta_h \cdot H_i^h + \sum_{l=1}^{8} \gamma_l \cdot L_i^l + \varepsilon_{ij} \qquad (6-10)$$

式（6-10）中，因变量 O_{ij} 为第 i 个农户第 j 个地块的有机肥施用情况，分别用：①该地块是否施用有机肥（1=施用，0=没有施用）；②有机肥的实际施用量（吨/公顷）表示。模型右侧的 T、H、L 是一系列影响农户农地投资行为的自变量。其中，T_i 是关键自变量，表示第 i 个农户的农地产权稳定性情况，选用农户拥有土地使用凭证的比例和二轮承包以来村级土地调整频率（次数）分别作为农地产权法律稳定和事实稳定的识别变量。H 是农户特征变量，包括户主的年龄、受教育年数、风险规避程度和农户家庭非农就业人数及养殖情况。L 是地块的特征变量，包括地块离家的距离、地块的面积、质量、类型及灌溉条件等。此外，为控制作物品种差异以及各省农户施肥的习惯等因素对农户农地投资行为的因素，本章在模型中添加了作物虚拟变量和省级虚拟变量，在模型估计时分别以小麦和山东省作为基准值。ε_{ij} 表示随机误差项，a_0 为常数项，βs、δ_h 和 γ_l 是待估参数为待估计系数。

6.4 计量结果与分析

6.4.1 描述性证据

6.4.1.1 产权稳定性与农地投资行为

为了研究产权稳定性对农户农地投资的影响，本书按照农地产权法律稳定和事实稳定等特征对样本地块进行了分类，用来描述产权稳定性与有机肥投入之间的关系（见表 6 - 2）。描述性统计分析结果表明，样本地块中有 19.37% 的地块施用了有机肥，平均施用量是 1.93 吨/公顷。

表 6 - 2　产权稳定性与农户农地投资行为的关系

	地块数	有机肥	
		施用率（%）	施用量（吨/公顷）
总样本	2308	19.37	1.93
有无使用凭证			
有	1551	22.37	2.33
无	757	13.21	1.13
农地调整次数			
0	1315	21.29	2.08
（0，3]	879	17.63	1.94
>3	114	10.53	0.14

从农地产权法律稳定的角度来看，农户在有使用凭证的地块上更倾向于施用有机肥，且施用量相对较大。数据显示，在有使用凭证的地块中，有 22.37% 的

地块施用了有机肥，比没有使用凭证的地块高出 9.16 个百分点；该类型地块的平均施用量是 2.33 吨/公顷，而无使用凭证的地块只有 1.13 吨/公顷。

从农地产权事实稳定的角度来看，农地调整越频繁，农户施用有机肥的概率越小，施肥量也越少。没有发生过农地调整的农户样本中，有 21.29% 的农户施用有机肥，这一比例比其他两类农户分别高出 3.66 个百分点和 10.76 个百分点；有机肥平均施肥量为 2.08 吨/公顷，比其他两类农户平均每公顷多用 0.14 吨和 1.94 吨。

6.4.1.2　其他因素与农户农地投资行为

基于现有文献，在考察产权稳定性对农户农地投资的影响时，还需考虑其他因素的影响，如农户特征和地块特征等。本书用农户特征和地块特征描述其与农户农地投资行为的关系，详细情况如表 6-3 所示。

表 6-3　其他因素与农户农地投资行为的关系

	地块数	有机肥	
		施用率（%）	施用量（吨/公顷）
农户特征			
户主年龄（岁）			
≤45	547	17.37	2.01
(45，60]	1165	18.54	1.69
>60	596	22.82	2.33
户主受教育程度（年）			
≤6	1026	19.40	1.98
[7，9]	1004	20.82	2.13
>9	278	14.03	1.02
风险规避程度			
[0，0.3]	630	21.75	2.19
[0.4，0.6]	1179	19.25	1.99
[0.7，0.9]	499	16.63	1.47
非农就业人数（人）			
0	467	23.34	2.41
(0，2]	1513	18.84	1.87
>2	328	16.16	1.53

	地块数	有机肥	
		施用率（%）	施用量（吨/公顷）
是否养殖			
是	1290	30.78	3.21
否	1018	4.91	0.31
地块特征			
地块的距离			
≤0.25	747	24.50	2.29
(0.25，1]	1263	18.45	1.92
>1	298	10.40	1.07
地块的面积			
≤0.07	890	21.01	2.36
(0.07，0.15]	711	18.43	1.69
>0.15	707	18.25	1.64
地块的质量			
高	926	18.04	1.86
中	954	21.17	2.12
低	428	18.22	1.69
地块的类型			
沙土	561	23.17	2.01
壤土	863	18.66	2.05
黏土	884	17.65	1.77
地块的地形			
平地	1710	17.66	1.71
非平地	598	24.25	2.56
灌溉条件			
可灌溉	1388	15.92	1.55
不可灌溉	920	24.57	2.52

从农户家庭特征来看，户主年龄越大，施用有机肥的比例越高。数据显示，户主年龄在60岁以上农户，其在地块上施用有机肥的比例为22.82%，比户主年龄在45岁及以下的农户高5.45个百分点，比户主年龄在46~60岁的农户家庭

高 4.28 个百分点。从风险规避的角度来看，农户风险规避程度越高，施用有机肥的可能性越低，施用量也较少。与风险规避指数在 0.7 以下的两类农户相比，风险规避指数在 0.7 及以上的农户施用有机肥的比例为 16.63%，分别比其他两类农户低 5.12 个百分点和 2.62 个百分点。与此同时，该类农户有机肥平均施肥量为 1.47 吨/公顷，比风险规避指数在 0.3 及以下的农户少 0.72 吨/公顷，比风险规避指数在 0.4~0.6 的农户少 0.52 吨/公顷。家庭非农就业人数越多，农户施用有机肥的可能性越低，单位面积的施肥量也越少。数据显示，家庭非农就业人数超过两人的农户家庭，其在地块上施用有机肥的比例为 16.16%，比其他两类农户分别低 7.18 个百分点和 2.68 个百分点；该类型农户每公顷农地的施肥量为 1.53 吨，比其他两类农户分别少 0.88 吨和 0.34 吨。有养殖的农户家庭施用有机肥的比例高，且施用量相对较大。数据显示，有养殖的农户家庭地块中，有30.78% 的地块施用了有机肥，比没有养殖的家庭地块高出 25.87 个百分点；该类型地块的平均施用量是 3.21 吨/公顷，而无使用凭证的地块只有 0.31 吨/公顷。

从地块特征来看，地块离家距离越远，农户施用有机肥的概率越小，单位面积的施肥量也越少。当地块离家距离大于 1 公里时，农户在该类地块上施用有机肥的概率为 10.40%，比离家距离在 0.25~1 公里的地块低 8.05 个百分点，比离家距离在 0.25 公里以内的地块低 14.10 个百分点；每公顷有机肥施用量（1.07吨）也比其他两类地块少用 0.85 吨和 1.22 吨。类似地，地块的面积越大，农户施用有机肥的可能性越小，施肥量越少。当地块面积大于 0.15 公顷时，单位面积的施肥量为 1.64 吨，比面积在 0.07~0.15 公顷的地块少 0.05 吨，比面积在0.07 公顷以内的地块少 0.72 吨。此外，农户在不同类型、地形及灌溉条件地块上的投资行为也不同，相比而言农户更倾向于在沙土、平地、不能灌溉的地块上施用有机肥。

上文的描述性统计分析结果表明，农户农地投资行为可能与产权稳定性以及地块特征有一定关系，但仅仅是单因素的分析，并没有控制其他变量的影响，从而不能将某一因素对农户农地投资行为的影响单独分离出来。因此，为了深入探究产权稳定性的影响，需要借助式（6-10）计量模型对样本数据进行分析。

6.4.2　主要回归结果

因为农户农地投资行为是一种两阶段决策行为：农户首先考虑是否施用有机肥，其次考虑有机肥的施用量。因此，当检验产权稳定性对农户农地投资行为的影响时，需要设置两个层面的估计方法：第一，检验产权稳定性对农户是否施用有机肥的影响，考虑到因变量是一个虚变量（取值为 1 或 0），因此选用 Logit 模型对方程进行估计，并直接求出自变量的边际效应；第二，检验产权稳定性对农户有机肥施用量的影响，考虑到有超过 80% 的农户没有施用有机肥，即有机肥的施用量为 0，此时的 O_{ij} 是由离散点 0 与连续分布所构成的混合分布，若运用 OLS 对样本数据进行线性回归，将会导致不一致的估计。为得到一致估计，采用 Tobit 模型估计方程，并进一步求出自变量的条件边际效益。

6.4.2.1 主要自变量的影响

表 6 – 4 汇报了产权稳定性对农户长期投资行为影响的估计结果。整体来看，模型运行结果较好，大多数自变量的系数符号与预期相一致且统计检验较为显著。从产权稳定性角度来看，农地产权事实稳定变量对农户农地长期投资行为有显著的影响。其中，Logit 模型估计结果显示，在控制其他特征变量不变的情况下，村级土地调整每增加 1 次，农户施用有机肥的概率将下降 0.96 个百分点。Tobit 模型的估计结果则进一步表明，在保持其他因素不变的情况下，村级土地调整每增加 1 次，农户每公顷农地有机肥的施用量将平均减少 0.16 吨。这说明，农户所在村庄农地调整越频繁，其施用有机肥的可能性越低、施用量也越少。可能的原因是，不稳定的农地产权意味着投资不确定性的增加，使得农地投资者的回报缺乏保障，从而削弱农户对农地的投资热情。具体而言，农地的频繁调整提高了农地政策变化的不可预期性，导致农地产权在事实上变得不稳定，进而影响农户对农地的投资。

表 6 – 4 产权稳定性对农户长期投资行为影响的估计结果

变量	Logit		Tobit	
	系数	边际效应	系数	边际效应
主要自变量				
有无使用凭证	– 0.1053 (0.1420)	– 0.0134	– 0.5113 (1.2407)	– 0.1043
农地调整次数	– 0.0755 ** (0.0301)	– 0.0096	– 0.7872 *** (0.2620)	– 0.1606
农户特征变量				
户主年龄	0.0162 ** (0.0064)	0.0021	0.1310 ** (0.0561)	0.0267

续表

变量	Logit		Tobit	
	系数	边际效应	系数	边际效应
户主受教育程度	0.0754 *** (0.0214)	0.0096	0.5497 *** (0.1907)	0.1122
风险规避程度	−0.6603 ** (0.2623)	−0.0841	−5.7210 *** (2.1683)	−1.1675
家庭非农就业人数	−0.1727 *** (0.0615)	−0.0220	−1.3591 *** (0.5184)	−0.2773
是否养殖	1.7153 *** (0.1699)	0.2185	14.7166 *** (1.4364)	3.0031
地块特征变量				
地块离家距离	−0.3658 *** (0.1219)	−0.0466	−2.9198 *** (1.0918)	−0.5958
地块面积	−0.6555 (0.4805)	−0.0835	−6.8087 (4.3041)	−1.3894
高质量地块	0.3800 ** (0.1919)	0.0484	2.7302 * (1.5700)	0.5571
中等质量地块	0.3128 * (0.1780)	0.0398	2.4754 * (1.4587)	0.5051
壤土	−0.6757 *** (0.1756)	−0.0861	−5.1413 *** (1.4536)	−1.0492
黏土	−0.2548 (0.1679)	−0.0324	−1.7982 (1.3480)	−0.3669
是否平地	−0.3106 ** (0.1512)	−0.0396	−2.9535 ** (1.2593)	−0.6027
能否灌溉	−0.2676 * (0.1437)	−0.0341	−0.7693 (1.2040)	−0.1570
品种虚拟变量				
玉米	−0.1662 (0.1670)	0.0212	−0.9566 (1.4507)	−0.1952
水稻	−0.7935 *** (0.2432)	−0.1011	−8.3392 *** (2.0656)	−1.7017

续表

变量	Logit		Tobit	
	系数	边际效应	系数	边际效应
省级虚拟变量	已控制	已控制	已控制	已控制
常数项	- 2. 8491 ***		- 26. 7059 ***	
	(0. 5323)		(5. 1210)	
样本数	2308		2308	
Pseudo R^2	0. 1939		0. 0857	
Log pseudolikelihood	- 911. 0108		- 2381. 4978	

注：小括号内数值为稳健标准误；*** 、** 和 * 分别表示通过了 1%、5% 和 10% 统计水平的显著性检验。

6.4.2.2 控制变量的影响

农户特征变量中，户主的年龄和受教育程度都对农户的农地长期投资有显著的正向影响，即在保持其他因素不变的前提下，户主年龄越大、受教育年数越多，越有可能在农地上施用有机肥，且施用量也越大。可能是因为年龄大和受教育程度高的户主，其农业生产经验较为丰富，也更加重视农地土壤质量的保护和提高，更有可能在农地上施用有机肥。从风险规避程度来看，Logit 模型和 Tobit 模型分别表明，在保持其他变量不变的情况下，农户风险规避程度每提高 1 个单位，农户施用有机肥的概率将下降 8.41 个百分点，农户每公顷农地有机肥的施用量将平均减少 1.17 吨。即农户风险规避程度越高，其施用有机肥的可能性越低、施用量也越少。可能的原因是风险规避型农户会放大产权不稳定感知，降低农户对农地的投资热情。家庭非农就业人数对农户农地长期投资有显著的负向影响，即家庭非农就业人数越多，有机肥施用的概率越低，施用量也越小。主要原因在于有机肥的收集和施用费时费工，是一个典型的劳动密集型过程。农户家庭非农就业人数越多，一方面意味着该农户家庭参与有机肥施用的劳动力机会成本越大，因而不愿意在农地上施用有机肥；另一方面意味着该农户家庭从事农业生产的劳动力可能出现短缺的情况，因而限制了其对农地进行有机肥投入。养殖因素对农户农地长期投资有显著的正向影响。回归结果表明，在控制其他特征变量后，与非养殖户相比，养殖户施用有机肥的概率将增加 21.85 个百分点，每公顷农地的有机肥施用量也相应地增加 3.00 吨。可能的原因是，养殖户的有机肥比较富余，将其投入种植业中，既能提高农地质量，又能减少处理粪污的成本。

地块特征变量中，多数变量的系数符号和预期高度一致，且统计检验十分显著。如地块离家距离越远、地块不是平地，农户施用有机肥的概率越小，施肥量也越少。回归结果显示，在控制其他条件不变的情况下，地块离家的距离每增加1公里，农户施用有机肥的概率将下降4.7个百分点，每公顷农地的有机肥施用量也相应地减少0.60吨。可能的解释是，有机肥的运输成本随着地块离家的距离而增加，从而增加有机肥的施用成本。此外，地块的质量和土地的类型也在一定程度上影响农户农地长期投资行为。回归结果显示，在控制其他特征变量后，与低等质量的地块相比，农户在高中等质量地块上施用有机肥的可能性更大，施用量也更多。因为地块质量越好，肥力越高，农地投资的回报也越大。而与壤土和黏土型地块相比，农户更愿意在沙土型地块上施用有机肥。因为壤土和黏土的通透性能差，肥效释放慢，而沙土通透性良好，施肥见效快。

6.4.3 稳健性检验

为了验证本书结果的稳健性，本书做了四个稳健性检验：第一，使用LPM计量模型检验产权稳定性对农户是否施用有机肥的影响。第二，使用OLS计量模型验证产权稳定性对农户有机肥施用量的影响。第三，由于农户的转入地都没有本书所强调的使用凭证，会导致一定的选择性偏误的问题。鉴于此，选用农地使用凭证比例作为农地产权法律稳定的代理变量，使用Logit模型重新检验农地产权稳定对农户是否施用有机肥的影响。第四，同样把农地使用凭证引入模型，使用Tobit模型重新验证产权稳定性对农户有机肥施用量的影响。稳健性检验结果如表6-5所示，结果表明主要自变量系数的符号和表6-5相一致，且统计检验依旧十分显著，这说明农地产权事实稳定对农户长期投资行为确实有显著的影响。

表6-5 稳健性检验估计结果

变量	LPM	OLS	Logit 边际效应	Tobit 边际效应
主要自变量				
有无使用凭证	-0.0061 (0.0173)	0.1288 (0.2386)	—	—
使用凭证比例	—	—	-0.0001 (-0.0002)	-0.0003 (0.0030)

续表

变量	LPM	OLS	Logit 边际效应	Tobit 边际效应
农地调整次数	-0.0082***	-0.0649***	-0.0095**	-0.1592***
	(0.0017)	(0.0234)	(-0.0039)	(0.0540)
农户特征变量				
户主年龄	0.0018**	0.0100	0.0021**	0.0266**
	(0.0008)	(0.0132)	(0.0008)	(0.0115)
户主受教育程度	0.0092***	0.0644	0.0096***	0.1128***
	(0.0027)	(0.0440)	(0.0008)	(0.0387)
风险规避程度	-0.0906***	-1.2643**	-0.0838**	-1.1625**
	(0.0326)	(0.5016)	(0.0332)	(0.4420)
家庭非农就业人数	-0.0209***	-0.2057*	-0.0221***	-0.2781***
	(0.0074)	(0.1140)	(0.0078)	(0.1059)
是否养殖	0.1918***	1.9772***	0.2183***	3.0002***
	(0.0164)	(0.2085)	(0.2068)	(0.2907)
地块特征变量				
地块离家距离	-0.0401***	-0.2735	-0.0469***	-0.5985***
	(0.0130)	(0.2318)	(0.0155)	(0.2225)
地块面积	-0.0105	-0.2266*	-0.0822	-1.3805
	(0.0088)	(0.1340)	(0.0614)	(0.8755)
高质量地块	0.0449**	0.5519*	0.0485**	0.5598*
	(0.0225)	(0.2933)	(0.0243)	(0.3198)
中等质量地块	0.0398*	0.4777	0.0395*	0.5029*
	(0.0222)	(0.2967)	(0.0243)	(0.2973)
壤土	-0.0843***	-0.6876**	-0.0861***	-1.0509***
	(0.0222)	(0.3237)	(0.0221)	(0.2958)
黏土	-0.0325	-0.2017	-0.0325	-0.3680
	(0.0216)	(0.2773)	(0.0213)	(0.2742)
是否平地	-0.0442**	-0.6354**	-0.0396**	-0.6025**
	(0.0199)	(0.2880)	(0.0192)	(0.2571)
能否灌溉	-0.0333*	0.1120	-0.0338*	-0.1577
	(0.0199)	(0.3031)	(0.0182)	(0.2463)

续表

变量	LPM	OLS	Logit 边际效应	Tobit 边际效应
品种虚拟变量				
玉米	-0.0148	0.1538	-0.0206	-0.1910
	(0.0185)	(0.2924)	(0.0213)	(0.2956)
水稻	-0.1352 ***	-2.4766 ***	-0.1005 ***	-1.6969 ***
	(0.0345)	(0.5173)	(0.0307)	(0.4227)
省级虚拟变量	已控制	已控制	已控制	已控制
常数项	0.0573	0.4582		
	(0.0677)	(1.1900)		
样本数	2308	2308	2308	2308
F	22.37	11.76		
R^2	0.1609	0.1081		
Pseudo R^2			0.1937	0.0857
Log pseudolikelihood			-911.2257	-2381.5741

注：小括号内数值为稳健标准误；*** 、** 和 * 分别表示通过了 1% 、5% 和 10% 统计水平的显著性检验。

6.5 本章小结

本章利用山东、陕西、吉林、浙江、河南、甘肃、湖南和四川 8 省 2308 个地块的数据，实证检验了产权稳定性对农户长期投资行为的影响。实证中，选用农户拥有土地使用凭证的比例和二轮承包以来村级土地调整频率（次数）分别作为农地产权法律稳定和事实稳定的识别变量。计量模型估计结果表明，产权稳定性对农户的长期投资行为有显著的影响。在保持其他条件不变的情况下，村级土地调整每增加一个单位，农户施用有机肥的概率将分别下降 0.96 个百分点，每公顷农地有机肥的施用量将减少 0.16 吨。

基于本书的研究结论，可以得到以下重要的政策启示：第一，进一步确保农地确权政策的落实，加强确权工作实施指导和监督工作，强化农地产权的法律稳定。地方政府可制定有效的确权操作实务指导文件，建立健全合法合规的产权交易平台。第二，进一步深化农地产权制度改革，严格限制农村农地调整的行为，保障农地产权的事实稳定。在厘清三权分置关系的基础上，稳定农户对农地利用稳定性的预期。第三，重视农民产权主观认知与期望，加强法律知识的宣传教育，提高农户对农地产权的感知稳定。引导正确的产权认知行为，避免土地利用过程中产生矛盾。

第7章 产权稳定性对农地产出的影响

本章主要利用全国 8 省 2308 个地块的调查数据,从农地产权法律稳定和事实稳定两个角度出发,运用 OLS 模型实证检验产权稳定性对农地产出的影响。结构安排如下:第一部分,引言。第二部分,理论分析。第三部分,变量选择与模型设置。第四部分,计量结果与分析。第五部分,小结。

7.1 引言

在我国人多地少、农地细碎化的基本国情下,提高现有农地的生产效率对保障国家粮食安全有极其重要的作用。现有研究表明,一方面通过农村土地承包经营权流转可以将农地从生产效率较低的农户手中流转到生产效率较高且劳动力资源丰富的农户手中,从而实现农地资源的优化配置;另一方面通过对农地进行长期投资,如有机肥施用、打井、修渠等有助于提升耕地质量和保护农地长期生产能力,产生农地投资激励效应,最终提高农地产出(Deininger and Jin,2003;陈江龙等,2003;马贤磊,2010)。而本书第 5 章和第 6 章的研究发现,产权稳定性对农地流转和农地投资都有显著的正向影响,那么,产权稳定性会不会进一步影响农地产出呢?这需要用实地调研数据进行进一步验证。

7.2 理论分析

在第 5 章理论分析的基础上进行一些修改,同样构建一个农业生产理论模型,分析产权稳定性对农地产出的影响。假定农户有固定的劳动力 l 和固定的土

地 $\bar{x}$，并赋予农户一定程度的农业生产能力 e。进一步假定农业劳动力市场发展不健全，那么农户只能安排家庭劳动力从事农业劳动（l_a）或从事非农劳动（l_o），从事非农劳动的工资（w）是外生的。此外，农户可以选择转出或转入一定面积的农地，达到合适的经营规模（x），以为实现劳动力和土地的优化配置。当然，对转出方和转入方而言，在农地流转过程中会存在交易成本①。比如为获取潜在流转对象相关信息所产生的信息成本、合同谈判和执行合同所产生费用，这类交易成本由转出方和转入方共同承担。其中，转出方的交易成本为 C^{out}，转入方的交易成本为 C^{in}。但是，像农地调整等导致农户失去农地所产生的交易成本主要由转出方承担。

在完全竞争市场下，农地流转租金为 r，农产品价格为 p。假定农户农业生产符合这样一个生产函数 $f(e, l, x)$，且满足标准假设 $f(e, l, x)' > 0$，$f(e, l, x)'' < 0$。在给定的农业生产能力 e 的前提下，农户要选择从事农业劳动的劳动力 l_a、从事非农劳动的劳动力 l_o 和合适的经营规模 x，实现 $f(e, l, x)$ 这个生产函数的最大化。这个问题可以表述如下：

$$\underset{l_a, l_o, x}{Max}\ pf(e, l_a, x) + wl_o + I^{out}(\bar{x} - x)(r - c^{out}) - I^{in}(x - \bar{x})(r + c^{in})$$

$$s.t.\ l_a + l_o \leqslant \bar{l} \tag{7-1}$$

式（7-1）中，I^{out} 代表转出户（若转出农地，$I^{out} = 1$；否则 $I^{out} = 0$），I^{in} 代表转入户（若转出农地，$I^{in} = 1$；否则 $I^{in} = 0$），假设 $l_a + l_o = 0$，那么 l_a^* 和 x^* 将满足上面问题的一阶条件，即：

$$pf_{l_a}(e, l_a, x) = w \tag{7-2}$$

$$pf_x(e, l_a, x) = r - c^{out} \quad （转出户，x^* < \bar{x}） \tag{7-3}$$

$$pf_x(e, l_a, x) = r + c^{in} \quad （转入户，x^* > \bar{x}） \tag{7-4}$$

$$r - c^{out} < pf_x(e, l_a, x) < r + c^{in} \quad （不流转户，x^* > \bar{x}） \tag{7-5}$$

式（7-2）~式（7-5）是几个关于要素均衡、交易成本和增长效应的推导，为本章后面的实证检验提供了基础。

对式（7-2）两边关于 e 求偏导，可以得出：

$$pf_{l_a e}(e, l_a, x) + p\left(f_{l_a l_a}\frac{\partial l_a}{\partial e} + f_{l_a x}\frac{\partial x}{\partial e}\right) = 0 \tag{7-6}$$

对式（7-3）和式（7-4）的两边关于 e 求偏导，可以得到产量：

---

① 假设交易成本与土地交易的数量成正比。

$$pf_{xe}(e,\ l_a,\ x) + p\left(f_{xx}\frac{\partial x}{\partial e} + f_{xl_a}\frac{\partial l_a}{\partial e}\right) = 0 \tag{7-7}$$

综合式（7-6）和式（7-7），可以得到：

$$\frac{\partial x^*}{\partial e} = \frac{f_{xl_a}f_{l_ae} - f_xf_{l_al_a}}{f_{xx}f_{l_al_a} - f_{xl_a}f_{l_ax}} = \frac{f_{xl_a}f_{l_ae} - f_xf_{l_al_a}}{f_{xx}f_{l_al_a} - (f_{xl_a})^2} > 0 \tag{7-8}$$

而农地转入的面积为农户农地经营面积减去农户承包地面积，农地转出的面积为农户承包地面积减去农户农地经营面积，即：

$$x^{in} = x^* - \overline{x},\ x^{out} = \overline{x} - x^* \tag{7-9}$$

对式（7-9）的两边关于 e 求偏导，可以得到：

$$\frac{\partial x^{in}}{\partial e} = \frac{\partial x^*}{\partial e} > 0,\ \frac{\partial x^{out}}{\partial e} = -\frac{\partial x^*}{\partial e} > 0 \tag{7-10}$$

式（7-10）意味着农地转入（转出）面积与农业生产能力呈正（负）相关关系，即农地转入（转出）面积越多，农地产出越高（低）。

而前面的研究表明，农地产权稳定会减少农地流转交易成本，有利于促进农户流转农地，进而提高农地产出；农地产权稳定对农地投资有刺激效益，而投资作为要素投入的重要组成部分必然有利于提高农地产出。因此，本章推断产权稳定性对农地产出有促进作用。

7.3 变量选择与模型设置

7.3.1 变量选择与说明

本章主要是考察产权稳定性对农地产出的影响，参考已有文献，将在实证模型中引入因变量、关键自变量和控制变量三大类变量，具体包括农地产出变量、农户特征变量、地块特征变量、气候虚拟变量和地区虚拟变量（姚洋，1998；Benin et al.，2005；Deininger and Jin，2006；马贤磊，2010；Ma et al.，2013）。有关变量的选择和说明如下：

7.3.1.1 因变量

本章中的因变量农地产出是一个综合概念，既包括农业产出又包括农业生产技术效率。而在实证研究中，由于数据缺乏等原因，主要用单位地块上的粮食产量（农地产出）作为农地产出的识别变量。

7.3.1.2　关键自变量

本书的产权稳定性主要包括农地产权的法律稳定和事实稳定两个维度[①]，且相关维度的衡量指标与前面第 5 章和第 6 章相同，继续用"这块地是否有相应使用凭证（土地承包合同或土地承包经营权证书）"和"二轮承包以来，村里面土地调整了多少次"这两个问题来考察农地产权的法律稳定和事实稳定，即选用农户拥有土地使用凭证的比例和二轮承包以来村级土地调整频率（次数）分别作为农地产权法律稳定和事实稳定的识别变量。

7.3.1.3　控制变量

控制变量中主要包括农户特征变量、地块特征变量、气候虚拟变量和县级虚拟变量四个方面：

第一，农户特征变量。本章中农户特征主要选取了户主个人特征（户主年龄、受教育程度和风险规避程度）和农户家庭特征（家庭非农就业人数和务农人数）的相关变量。用户主年龄和受教育程度分别衡量农户家庭的农业生产经验和农业管理水平。预期这两个变量对农地产出的影响是不确定的。一方面，年龄越大的户主农业生产经验越丰富，受教育程度越高的户主，越可能转入农地，也越可能对农地进行投资，从而提高农地产出。另一方面，年龄越大的户主体力状况和身体素质越差，受教育程度越高的户主从事非农行业的可能性越大，他们也有可能维持现有农地经营规模或转出农地，同时会减少甚至不对农地进行投资，从而降低农地产出。一般来说，家庭务农人数越多，农户越有可能转入农地和对农地进行投资，农地产出也越高，预期其对农地产出有正向影响，而家庭非农就业人数越多，从事农业生产的劳动力机会成本越大，鉴于农业收入和非农收益的比较，会倾向于转出农地同时减少对农地的投资，最终降低农地产出，因而预期其对农地产出有负向的影响。其中，风险规避程度的测算见第 5 章。

第二，地块特征变量。本章中的地块特征主要选取了地块离家的距离、地块的面积、质量、类型、是否平整及灌溉条件等变量。一般来讲，地块离家的距离越远，越有可能被农户转出，进行农地投资的可能性也越小。地块面积越大，一方面，出于规模经营的考虑，农户也有可能转入农地，也越有可能对农地进行投资，从而有利于提高农地产出；另一方面，由于农户普遍缺乏投资资金，也可能

[①]　因为产权感知稳定是一种主观判断，会受到法律稳定、事实稳定及个人特征的影响，存在内生和多重共线的问题，一般不和法律稳定、事实稳定放在一起分析。

维持农地经营现状，不转入农地也不对农地进行投资。因此，预期该变量对农地产出的影响是不确定的。地块质量越好、地块越平整，既有利于节约投入成本，又有利于增加投资回报，农户转出该类型地块的可能性越小，对该类型地块进行投资的概率越高，越可能会提高农地产出。因此，预期地块和地块平整对农地产出有正向的影响。此外，地块的类型和地块的灌溉条件也会影响农地产出。一般情况下，农户会尽可能把土壤较差、不能灌溉的农地转出，对土壤较好和能灌溉的地块进行投资，从而提高农地产出。

第三，气候虚拟变量。农业靠天吃饭，农业生产对气候变化最为敏感，尤其是恶劣的气候会对农业生产有极大的破坏作用。因此，预期受灾变量对农地产出有负向的影响。

第四，县级虚拟变量。不同区域的农地流转政策以及农户对农地的投资行为可能有所差异，从而进一步影响农地产出。

本章所涉及有关变量的定义及描述性统计结果如表 7 - 1 所示。

表 7 - 1　变量的定义及描述性统计

变量名称	单位或含义	小麦		玉米		水稻	
		平均值	标准差	平均值	标准差	平均值	标准差
因变量							
产量	公斤/公顷	5014.94	1993.22	6471.78	2570.34	6678.45	1692.52
主要自变量							
使用凭证比例	%	60.66	46.44	71.27	43.47	82.20	36.77
农地调整次数	次	1.35	2.41	1.08	2.77	1.04	3.07
农户特征变量							
户主年龄	岁	52.16	9.77	52.79	9.93	56.55	9.03
户主受教育程度	年	7.41	3.08	6.99	3.17	6.36	3.00
风险规避程度	极端风险规避者 =1，极端风险偏好者 =0，	0.49	0.22	0.47	0.22	0.47	0.26
家庭非农就业人数	人	1.54	0.99	1.32	1.02	1.70	1.15
家庭务农人数	人	2.35	1.02	2.30	1.03	2.12	0.92
地块特征变量							
地块的距离	离家的距离（公里）	0.75	0.65	0.65	0.58	0.44	0.45
地块的面积	公顷	0.15	0.53	0.21	0.54	0.13	0.25

续表

变量名称	单位或含义	小麦		玉米		水稻	
		平均值	标准差	平均值	标准差	平均值	标准差
地块的质量（高）		0.45	0.50	0.39	0.49	0.38	0.48
地块的质量（中）		0.38	0.49	0.41	0.49	0.47	0.50
地块的质量（低）	是 =1，否 =0	0.18	0.38	0.21	0.40	0.15	0.36
地块的类型（砂土）	是 =1，否 =0	0.22	0.41	0.25	0.40	0.27	0.36
地块的类型（壤土）		0.38	0.49	0.43	0.50	0.25	0.43
地块的类型（黏土）		0.40	0.49	0.32	0.47	0.48	0.50
是否平地	是 =1，否 =0	0.77	0.42	0.69	0.46	0.81	0.40
能否灌溉	能 =1，否 =0	0.59	0.49	0.51	0.50	0.81	0.39
气候特征变量							
是否受灾	是 =1，否 =0	0.31	0.46	0.39	0.49	0.21	0.41

7.3.2 模型设置

产权稳定性及部分特征变量与农地产出可能有一些关系，但这些都仅考虑了单因素的影响，并没有控制其他特征变量的影响，故而不能将某一因素对农地产出的影响独立出来。为此，为了考察产权稳定性对农地产出的影响，本书直接把农地产权法律稳定和事实稳定的识别变量（该块地使用凭证比例和二轮承包以来村级土地调整次数）放入回归方程，同时引入农户特征变量、地块特征变量和气候特征变量等作为控制变量。具体模型设定如下：

$$P_{ijk} = a_0 + \sum_{s=1}^{2} \beta_s \cdot T_{ij}^s + \sum_{h=1}^{5} \delta_h \cdot H_i^h + \sum_{l=1}^{8} \gamma_l \cdot L_{ij}^l + \varphi C_{ij} + \varepsilon_{ij} \qquad (7-11)$$

式（7-11）中，因变量 P_{ij} 为第 i 个农户第 j 个地块第 k 种作物的单产（公斤/公顷）。模型右侧的 T、H、L 和 C 是影响农地产出的一些自变量。其中，T_{ij} 是模型的关键自变量，表示第 i 个农户第 j 个地块的产权稳定性情况，选用该块地使用凭证比例和二轮承包以来村级土地调整次数分别作为农地产权法律稳定和事实稳定的识别变量。H 是农户特征变量，包括户主的年龄、受教育年数、风险规避程度、农户家庭非农就业人数和家庭务农人数。L 是地块的特征变量，包括地块离家的距离、地块的面积、质量、类型及灌溉条件等。C 是气候特征变量，主要用该地块是否受灾作为代理变量。此外，为了控制区域差异对农地产出的影响，本书在模型中还加入了县级虚拟变量。a_0 为常数项，β_s、δ_h、γ_l 和 φ 为待估计系数，ε_{ij} 表示随机误差项。

7.4 计量结果与分析

7.4.1 描述性证据

7.4.1.1 产权稳定性与农地产出

为了研究产权稳定性对农地产出的影响，本书基于农地产权法律稳定和事实稳定等特征对样本地块按作物品种进行了分类，用来描述产权稳定性与粮食单产之间的关系（见表 7－2）。描述性统计分析结果表明，样本地块中小麦、玉米和水稻的单产分别是 5014.94 公斤/公顷、6471.78 公斤/公顷和 6678.45 公斤/公顷。从农地产权法律稳定的角度来看，农地使用凭证比例与地块的产出并没有表现出明显的线性关系。从农地产权事实稳定的角度来看，村级层面农地调整越频繁，地块的产出越少。没有发生过农地调整的地块样本中，玉米的产量是 6939.09 公斤/公顷，这一产量分别比其他两类地块平均每公顷多 1151.47 公斤和 1772.49 公斤；水稻的产量是 6823.48 公斤/公顷，这一产量分别比其他两类地块平均每公顷多 303.21 公斤和 882.77 公斤；小麦的产量与农地使用凭证比例虽然不像玉米和水稻那样有比较明显的线性关系，但可以发现，调整次数多的地块产量较低。农地调整次数超过 3 次的地块样本中，小麦的产量是 4765.13 公斤/公顷，这一产量比没有发生过农地调整的地块平均每公顷少 85.75，比农地调整次数为 1～2 次的地块平均每公顷少 427.54 公斤。

表 7－2 产权稳定性与农地产出的关系

	小麦		玉米		水稻	
	地块数	单产（公斤/公顷）	地块数	单产（公斤/公顷）	地块数	单产（公斤/公顷）
总样本	652	5014.94	1118	6471.78	538	6678.45
使用凭证比例						
0	229	5045.01	288	6324.01	83	6125.29
(0, 100)	71	4838.73	84	6777.09	32	6781.47
100	352	5030.93	746	6494.45	423	6779.19

续表

	小麦		玉米		水稻	
	地块数	单产（公斤/公顷）	地块数	单产（公斤/公顷）	地块数	单产（公斤/公顷）
农地调整次数						
0	289	4850.88	688	6939.09	338	6823.48
(0, 3]	323	5192.67	386	5787.62	170	6520.27
>3	40	4765.13	44	5166.60	30	5940.71

7.4.1.2 农户特征与农地产出

结合已有文献，在考察农地产出的影响因素时，一般都考虑农户特征的影响，如户主特征（年龄、性别和受教育程度等）和家庭特征（非农就业人数和务农人数等）。表7-3列出了农户特征与农地产出的关系。从户主特征来看，在小麦地块样本中，户主年龄与小麦单产呈正相关关系；但在玉米地块样本中，户主年龄与玉米单产呈负相关关系，而在水稻样本中，它们之间没有表现出明显的线性关系。比如户主年龄在45岁及以下的农户家庭，其小麦的单产为4873.10公斤/公顷，比户主年龄在46~60岁农户家庭的单产少181.31公斤/公顷，比户主年龄在60岁以上农户家庭的单产少222.56公斤/公顷；玉米样本地块中，户主年龄在45岁及以下农户家庭的单产为6741.61公斤/公顷，分别比其他两类农户的单产多287.65公斤/公顷和543.68公斤/公顷。同时，在所有作物的地块样本中，户主的受教育程度与作物单产之间也没有发现较为明显的线性关系。从风险规避的角度来看，只有在小麦地块样本中，农户风险规避程度与地块产出才表现出一定的线性关系。农户风险规避程度越高，小麦单位面积的产量越高。与风险规避指数在0.7以下的两类农户相比，风险规避指数在0.7及以上的农户，其小麦的单产为5119.98公斤/公顷，分别比其他两类的单产高262.75公斤/公顷和77.64公斤/公顷。

表7-3　农户特征与农地产出的关系

	小麦		玉米		水稻	
	地块数	单产（公斤/公顷）	地块数	单产（公斤/公顷）	地块数	单产（公斤/公顷）
户主特征						
户主年龄（岁）						
≤45	174	4873.10	298	6741.61	75	6554.27

续表

	小麦		玉米		水稻	
	地块数	单产（公斤/公顷）	地块数	单产（公斤/公顷）	地块数	单产（公斤/公顷）
(45, 60]	337	5054.41	563	6453.96	265	6856.17
>60	141	5095.66	257	6197.93	198	6722.48
户主受教育程度（年）						
≤6	235	5001.82	492	6148.60	299	6554.27
[7, 9]	315	5098.28	490	6729.98	199	6856.17
>9	102	4787.81	136	6710.64	40	6722.48
风险规避程度						
[0, 0.3]	162	4857.23	298	6396.88	170	6656.96
[0.4, 0.6]	334	5042.38	600	6503.93	245	6635.43
[0.7, 0.9]	156	5119.98	220	6485.54	123	6793.84
家庭特征						
非农就业人数（人）						
0	104	5508.12	275	6896.51	88	6974.06
(0, 2]	462	4907.80	726	6405.53	325	6650.43
>2	86	4994.11	117	5884.54	125	6543.16
务农人数（人）						
≤1	71	4705.80	155	6008.79	99	6488.36
[2, 3]	491	4981.97	807	6532.90	383	6761.44
>3	90	5438.73	156	6615.62	56	6446.84

从农户家庭特征来看，在玉米和水稻样本地块中，非农就业人数与作物单产有较明显的线性关系。家庭非农就业人数越多，玉米和水稻的单产越低。调查数据显示，没有非农就业的家庭，其玉米地块的单产是6896.51公斤/公顷，分别比其他两类农户家庭的单产高490.98公斤/公顷和1011.97公斤/公顷；水稻地块的单产是6974.06公斤/公顷，分别比其他两类农户家庭的单产高323.63公斤/公顷和430.90公斤/公顷。但这种负相关关系，在小麦样本地块中表现并不明显。但是仍然可以看出，没有非农就业的家庭，其地块上的小麦单产（5508.12公斤/公顷）比其他两类农户家庭的单产（分别为4907.80公斤/公顷和4994.11公斤/公顷）高。

7.4.1.3　地块特征与农地产出

基于现有文献分析，多数研究在分析农地产出影响因素的时候都没有考虑地块自然特征等信息的作用。本书把地块特征与农地产出的关系也做了一个描述性统计，具体如表 7-4 所示。从地块离家的距离来看，在玉米和水稻样本地块中，地块离家的距离与作物单产呈正相关关系。地块离家距离越远，玉米和水稻的单产越高。调查数据显示，当离家距离在 0.25 公里以内时，该类地块上种植玉米单产平均能达到 6406.85 公斤/公顷，比离家距离在 0.25～1 公里的地块单产少 7.95 公斤/公顷，比地块离家距离大于 1 公里的地块单产少 435.96 公斤/公顷；该类地块上种植水稻单产平均能达到 6626.08 公斤/公顷，分别比其他两类地块的单产少 76.69 公斤/公顷和 323.18 公斤/公顷。类似地，在小麦和玉米样本地块中，地块的面积越大，作物的单产越高。当地块面积大于 0.15 公顷时，小麦平均单产为 5207.76 公斤/公顷，比面积在 0.07 公顷以内地块的单产多 321.26 公斤/公顷，比面积在 0.07～0.15 公顷地块的单产多 215.85 公斤/公顷。当地块面积大于 0.15 公顷时，玉米平均单产为 6816.95 公斤/公顷，分别比其他两类地块的单产多 858.54 公斤/公顷和 137.72 公斤/公顷。从地块质量来看，在玉米和水稻样本地块中，地块质量越好，作物单产越高。质量好的地块，小麦的平均单产能达到 5329.10 公斤/公顷，单产比质量中等的地块多 432.53 公斤/公顷，比质量差的地块多 855.88 公斤/公顷；质量好的地块，水稻的平均单产能达到 7119.24 公斤/公顷，单产分别比质量中等和差的地块多 853.02 公斤/公顷和 1462.37 公斤/公顷。虽然这种线性关系在水稻样本中表现不太明显，但仍然可以看出质量好的地块单产高。数据显示，水稻种植在质量好的地块平均单产可以达到 6920.73 公斤/公顷，明显高于其他两类地块的单产。

表 7-4　地块特征与农地产出的关系

	小麦		玉米		水稻	
	地块数	单产（公斤/公顷）	地块数	单产（公斤/公顷）	地块数	单产（公斤/公顷）
地块的距离						
≤0.25	164	5128.31	332	6406.85	251	6626.08
（0.25，1]	370	4924.41	631	6414.80	262	6702.77
>1	118	5141.28	155	6842.81	25	6949.26
地块面积						
≤0.07	222	4886.50	402	5958.41	263	6931.71

续表

	小麦		玉米		水稻	
	地块数	单产（公斤/公顷）	地块数	单产（公斤/公顷）	地块数	单产（公斤/公顷）
(0.07，0.15]	252	4991.91	296	6679.23	165	6333.27
>0.15	178	5207.76	420	6816.95	110	6590.68
地块的质量						
好	291	5329.10	433	7119.24	202	6920.73
中	246	4896.57	456	6266.22	254	6470.60
差	115	4473.22	229	5656.87	82	6725.41
地块的类型						
沙土	141	5507.75	274	5871.94	145	6198.63
壤土	249	4522.21	482	6804.38	133	6949.02
黏土	262	5218.02	362	6482.95	260	6807.63
地块地形						
平地	504	5236.63	772	6884.82	434	6715.92
非平地	148	4260.01	346	5550.20	104	6522.06
灌溉条件						
可灌溉	383	5737.09	568	6758.54	437	6717.76
不可灌溉	269	3986.76	550	6175.63	101	6508.35

此外，作物种植在不同类型、地形及灌溉条件的地块上，其单产也不同。具体而言，小麦种植在沙土和黏土型地块上的单产要高于种植在壤土型地块上的单产，玉米和小麦种植在壤土和黏土型地块上的单产又要高于种植在沙土型地块上的单产。从地块的地形来看，小麦、玉米和水稻种植在平地地块上的平均单产分别为 5236.63 公斤/公顷、6884.82 公斤/公顷和 6715.92 公斤/公顷，单产比种植在非平地地块上依次高 1066.62 公斤/公顷、1334.62 公斤/公顷和 193.86 公斤/公顷。从灌溉条件来看，小麦、玉米和水稻在能灌溉地块上的平均单产分别为 5737.09 公斤/公顷、6758.54 公斤/公顷和 6717.76 公斤/公顷，单产比种植在不能灌溉地块上依次高 1750.33 公斤/公顷、582.91 公斤/公顷和 209.41 公斤/公顷。

7.4.2　主要回归结果

表 7 - 5 报告了三组 OLS 模型的估计结果。第一组基于小麦样本检验产权稳

定性对农地产出的影响，第二组基于玉米样本检验产权稳定性对农地产出的影响，第三组基于水稻样本检验产权稳定性对农地产出的影响。

表 7 - 5　产权稳定性对农地产出影响的估计结果

变量	小麦	玉米	水稻
主要自变量			
使用凭证比例	0. 1414	- 0. 0946	1. 0669
	(1. 5689)	(1. 6394)	(2. 1258)
农地调整次数	- 45. 1251	- 91. 2325 ***	- 110. 3289 ***
	(35. 9260)	(20. 6379)	(18. 6223)
农户特征变量			
户主年龄	- 5. 2348	5. 7730	4. 8540
	(6. 1864)	(6. 7040)	(8. 3204)
户主受教育程度	- 31. 4404	55. 0799 **	25. 2905
	(19. 3148)	(21. 7658)	(22. 9950)
风险规避程度	519. 1601 *	- 348. 9176	283. 2410
	(264. 5466)	(274. 5422)	(273. 4952)
家庭非农就业人数	- 76. 5260	- 149. 2159 **	- 42. 8981
	(60. 0916)	(64. 5008)	(56. 2959)
家庭务农人数	98. 8682 *	65. 2068	3. 3539
	(58. 3486)	(61. 8197)	(86. 2168)
地块特征变量			
地块离家距离	- 104. 3513	- 36. 8610	46. 1863
	(93. 3623)	(126. 4724)	(169. 0142)
地块面积	23. 3295	- 232. 9639 **	241. 0737
	(51. 0357)	(99. 1324)	(327. 2496)
高质量地块	455. 7053 **	462. 6840 **	366. 1365
	(181. 7724)	(198. 4610)	(224. 2599)
中等质量地块	133. 1892	218. 8720	- 85. 3468
	(176. 5197)	(177. 3882)	(207. 2636)
壤土	25. 4475	104. 0709	576. 9224 ***
	(202. 8297)	(192. 5550)	(215. 3876)

续表

变量	小麦	玉米	水稻
黏土	-27.6269 (184.4947)	-4.1944 (185.7955)	354.4891* (197.7210)
是否平地	324.0149** (155.5704)	743.5396*** (161.8763)	350.0492* (195.2172)
能否灌溉	829.5985*** (176.7792)	182.2118 (161.1684)	-20.3005 (182.2870)
气候特征变量			
是否受灾	-755.7283*** (145.7598)	-1358.6997*** (162.0956)	-630.9311*** (197.3555)
县级虚拟变量	已控制	已控制	已控制
常数项	6597.8567*** (613.6776)	7332.2876*** (667.9536)	6883.3641*** (1578.0852)
样本数	652	1118	538
R^2	0.5182	0.3740	0.2944

注：小括号内数值为稳健标准误；＊＊＊、＊＊和＊分别表示通过了 1%、5% 和 10% 统计水平的显著性检验。

从小麦样本的回归模型可以看出，在主要自变量中，法律稳定和事实稳定的识别变量对农地产出并没有显著的影响。农户特征变量中，风险规避程度对农地产出有显著的正向作用，模型结果显示，在控制其他因素不变的情况下，农户风险规避程度每上升 1 个单位，每公顷小麦的产量增加 519.16 公斤。这一结果和预期的不太一致。本书认为可能的原因是，风险规避型农户放大了产权不稳定的感知，使得农户对有机肥施用这类农地长期缺乏信心，从而选择采用收益周期较短的化学肥料等短期投资作为替代，而化肥这个"土地鸦片"能够快速为作物提供养分，提高小麦的短期产量。家庭务农人数对小麦单产有显著正向影响，即在保持其他特征变量不变的情况下，家庭务农人数每增加一人，每公顷小麦的产量增加 98.87 公斤。可能是因为家庭从事农业生产的人员越多，农地精耕细作的可能性越大，从而小麦单位面积的产量也越高。地块特征变量中，地块质量越好，小麦的单产也越高。灌溉条件方面，与不能灌溉的地块相比，小麦种在能灌溉的地块上产量能够增加 829.60 公斤/公顷。可能是因为，小麦作为最耗水的农作物，在其生长过程中，比如拔节期、抽穗期和灌浆期如果不能灌溉，会造成籽粒干瘪，千粒重下降，进而影响小麦产量。因此，灌溉地块上小麦的产量高。

从玉米样本的回归模型可以看出，事实稳定的识别变量（农地调整次数）对玉米的单产有显著的影响，即农地调整越频繁，玉米单位面积产量越低。回归结果显示，在保持其他条件不变的情况下，村级土地调整每增加1次，每公顷玉米的产量将减少348.92公斤。这一结果和理论预期相符，因为村级层面农地的频繁调整会提高农地政策变化的不可预期性，导致农地产权在事实上变得不稳定，从而削弱农户对农地的投资热情，最终影响农作物的产出。农户特征变量中，户主受教育程度与玉米单产呈显著正相关关系。可能是因为户主受教育程度越高，越有可能采用新的种植技术，农作物的产量也越高。家庭非农就业人数对玉米单产有显著的负向影响。回归结果显示，在控制其他因素不变的情况下，家庭非农就业人数每增加1人，每公顷玉米的产量将减少149.22公斤。这不难理解，因为随着家庭非农就业人数的增多，从事农业的机会成本变大，为获取更高的收入，这时农户往往选择将农地转出或减少对农地的投资，甚至放弃农业生产活动，从而影响了农地的生产能力。地块特征变量中，同样发现地块质量越好，玉米的产量也越高。此外，本书发现一个有趣的现象：地块面积与玉米单位面积产量呈显著负相关关系。这在一定程度上说明，地块规模越大，玉米单产越低，规模经济并不存在。原因可能是，地块面积越大，农户在单位农地面积上投入的劳动力可能越少，玉米的单产也就越低。

而从水稻样本的回归模型结果同样发现，事实稳定的识别变量（农地调整次数）对水稻的单产有显著的影响，即农地调整越频繁，水稻单产越低。回归结果显示，在控制其他特征变量后，村级农地调整每增加1次，每公顷水稻的产量将减少110.33公斤。同样是因为村级农地调整降低了农地产权的稳定性，使得农户的投资回报缺乏保障，进而影响农户对农地的投资行为，最终导致水稻单产的下降。农户特征变量中，户主个人特征以及农户家庭特征的有关变量对水稻的单产都没有显著影响。但在地块特征中，地块的类型对地块的生产能力有显著的影响。与沙土相比，种植在壤土和黏土里的水稻产量较高。回归结果显示，在保持其他特征因素不变的情况下，水稻种植在壤土和黏土里将比种植在沙土里每公顷产量分别提高576.92公斤和354.49公斤。这和水稻的生产环境有很大的关系，因为水稻在栽培过程中要求土壤中养分含量充足且保水性好。从土壤类型来看，沙土容易渗漏保水性较差，容易造成有效养分流失。而壤土和黏土的整体结构好，土壤黏粒含量少，渗漏量小，有较好的保水性和保肥性，有利于水稻生长，从而增加水稻产量。

此外，在模型的控制变量中，本书发现了一些共同的现象。如在农户特征中，户主年龄对三种主粮作物单产的影响不显著。一般认为，户主的年龄越大，农业种植的经验越丰富，田间管理水平也越高，因而农地产出的效益越好。但是在上述模型中，这个变量对作物单产却没有什么显著的影响。可能是因为在既定的农地种植面积上，为弥补种植经验的不足，年轻的户主选择采用大量的短期投资来提高农作物短期的产量，从而使得这两类农户对农地产出的影响没有显著差异。地块特征中，与坡地和洼地等地块相比，作物种植在平地上的产量更高。对坡地来说，坡地坡度大且土地浅薄，水土容易流失，从而导致地块肥力下降，进而影响作物产量。对洼地来说，大气降水到地面后，经过地表径流和渗漏会造成洼地积水难以排除，时间长了会发生涝渍，严重影响作物的正常生长，最终造成作物产量和品质下降。气候特征变量中，灾害对农业生产的影响较大。回归结果显示，在保持其他控制变量不变后，由于受灾害的影响，导致每公顷小麦、玉米和水稻的产量分别减少了 755.73 公斤、1358.70 公斤和 630.93 公斤。

7.4.3　稳健性检验

在前文的研究机理中，本书分析产权稳定性可能会通过农地流转和农地投资这两个中介变量来改变农业生产过程中的农地配置效应和投资激励效益，最终影响农地产出，所以产权稳定性对农地产出的影响可能是间接达到的。而此时，如果把农地产权变量的识别变量（地块使用凭证比例和二轮承包以来村级土地调整次数）和农地配置效率的代理变量（农地是否转入）及农地投资激励效益的代理变量（是否施用有机肥）全部引入回归模型，可能会出现多重共线性的情况。为避免多重共线性，本书在稳健性检验回归模型中只加入农地配置效率和投资激励效益的代理变量。回归结果如表 7-6 所示。

表 7-6　稳健性检验估计结果

变量	小麦	玉米	水稻
主要自变量			
是否租入地	-14.3148 (265.9127)	-24.5184 (200.4732)	-49.5177 (168.1837)
是否施用有机肥	21.6590 (155.6026)	337.4891* (177.1297)	176.7318 (162.4645)

续表

变量	小麦	玉米	水稻
是否进行农田投资	510. 5657 ** (246. 4692)	5. 3001 (316. 4258)	− 224. 4152 (293. 9738)
农户特征变量			
户主年龄	− 6. 5975 (6. 3086)	6. 2745 (6. 8311)	5. 1764 (8. 1859)
户主受教育程度	− 29. 8274 (19. 4509)	60. 8188 *** (22. 3096)	29. 6861 (23. 2252)
家庭非农就业人数	− 84. 7735 (60. 2672)	− 158. 4107 ** (66. 0045)	− 40. 5896 (58. 5517)
风险规避程度	544. 5448 ** (260. 9789)	− 361. 8511 (276. 7795)	312. 8360 (273. 6627)
家庭务农人数	85. 8171 (58. 0189)	58. 2577 (63. 2536)	− 13. 3926 (85. 9828)
地块特征变量			
地块离家距离	− 93. 2173 (94. 7546)	− 33. 6660 (126. 1022)	64. 5444 (170. 2002)
地块面积	− 7. 1652 (54. 4111)	− 224. 8261 ** (102. 3261)	337. 2505 (350. 9340)
高质量地块	445. 1422 ** (181. 5636)	434. 1884 ** (197. 8102)	302. 5895 (223. 8453)
中等质量地块	98. 0292 (174. 1475)	190. 4972 (178. 2495)	− 107. 5688 (207. 6745)
壤土	42. 9693 (204. 4571)	69. 4306 (193. 3884)	525. 3430 ** (222. 7156)
黏土	− 12. 5376 (186. 1345)	− 9. 0777 (187. 7183)	309. 9962 (204. 2612)
是否平地	346. 2695 ** (153. 2263)	774. 4441 *** (160. 3539)	353. 3667 * (193. 2717)
能否灌溉	828. 0834 *** (176. 8832)	232. 4386 (160. 3001)	42. 1622 (186. 3743)

续表

变量	小麦	玉米	水稻
气候特征变量			
是否受灾	− 730.0254 ***	− 1308.7479 ***	− 637.7250 ***
	(148.0752)	(162.5201)	(202.5728)
县级虚拟变量	已控制	已控制	已控制
常数项	6600.3775 ***	7171.5107 ***	6946.5251 ***
	(620.0705)	(669.3842)	(1608.5484)
样本数	652	1118	538
R²	0.5199	0.3704	0.2819

注：小括号内数值为稳健标准误；***、**和*分别表示通过了1%、5%和10%统计水平的显著性检验。

从回归结果可以看出，农地配置效率的代理变量（农地是否转入）在小麦、玉米和水稻的样本地块中，对农地产出（作物单产）都没有显著的影响。农地投资激励效益的代理变量（是否施用有机肥）仅在玉米样本中对农地产出（玉米单产）有显著的正向影响。模型结果显示，在保持其他因素不变的情况下，与没有施用有机肥的地块相比，玉米种植在施用有机肥地块上单产会增加325.11公斤/公顷。虽然该变量只在10%的水平上显著，但这也在一定程度上验证了农地投资激励效益对农地产出还是有微弱影响的。

农户特征变量中，绝大部分变量的系数、符号及显著性与表7−5相一致。户主年龄在所有样本地块中对作物单产都没有显著的影响。户主受教育程度和家庭非农就业人数只在玉米样本地块中显著影响玉米的单产。家庭非农就业人数虽然在小麦样本地块中对小麦单产的影响变为不显著，但变量正的符号与表7−5的估计结果相符。地块特征变量中，地块离家的距离和中等质量地块对所有作物的单产均同样不存在显著的影响。地块面积、壤土和能否灌溉这几个变量也分别只在玉米、水稻和小麦其中之一的样本地块中对作物单产有显著影响。是否平地及气候特征变量的识别变量（是否受灾）对所有作物的单产都有显著的影响。

7.5 本章小结

本章主要考察了产权稳定性对农地产出的影响。第一，从理论上阐述了产权稳定性对农地产出影响的途径，即产权稳定性可能会改变农业生产过程中的农地配置效益和投资激励效益，从而通过农地流转和农地投资这两个中介变量来间接影响农地产出。第二，基于全国8省地块层面的数据实证检验了产权稳定性对农地产出的直接影响以及通过农地流转和农地投资对农地产出产生的间接影响。研究结果表明：①产权稳定性对农地产出确实有一定的正向激励作用，但是这种激励作用因作物品种的不同存在一些差异。具体而言，农地产权法律稳定的识别变量（使用凭证比例）对所有作物单产都没有显著影响；农地产权事实稳定的识别变量（农地调整次数）对玉米和水稻单产有显著的影响，即农地调整越频繁，作物单位面积的产量越低。②农户特征变量中，户主受教育程度、家庭非农就业人数和家庭务农人数也在一定程度上对小麦和玉米的单产起正向或负向的影响。③地块特征变量中，高质量地块及平地地块都会显著提高作物的单产，气候特变变量（是否灾害）则会显著降低作物的单产。④验证产权稳定性的间接效应时发现，农地配置效率对所有作物的农地产出都没有显著的影响，而农地投资激励效益仅在玉米样本中对农地产出有显著的正向影响。

第8章 研究结论与政策建议

本章主要对前面章节的研究结论进行提炼，并基于研究结论提出相关的政策建议，以期为今后农地制度改革的方向和路径提供政策参考。最后，总结了本书的不足之处并对有关研究主题的后续研究方向进行了展望。

8.1 研究结论

8.1.1 改革开放以来农地产权制度的演进及现状

从农地产权稳定性的法律稳定性来看，国家出台了众多的文件和法规进一步保障农地产权法律稳定。具体而言：①农地所有权方面，自家庭联产承包责任制实施起，国家虽然出台了多个文件及法律规定农地所有权归集体所有，但集体的实践主体一直处于混乱或缺位状态。直到2010年国家才出台相关文件，对农村集体土地所有权证确认。②农地使用权期限方面，家庭联产承包责任制实施初期，农地使用权期限只有2~3年，随后国家政策强调延长土地承包期，农地使用权在第一轮土地承包中被延长到15年，在第二轮土地承包中被延长到30年，从2008年以来，国家政策强调现有土地承包关系长久不变。③农地调整方面，从初期的频繁调整，到坚持"大稳定，小调整"的原则，经过充分商量，由集体统一调整，再到明确禁止对农地进行大调整，并严格限制小调整。④农地确权方面，从初期的签订农地承包合同，到发放土地承包经营权证书，再到农村土地确权、登记和颁证，给农民吃上"定心丸"，逐步深化农地制度改革，最终达到摸清"家底"、增加农地权能、解决农地承包纠纷、保障农民权益，加快推进现代农业发展的目的。⑤农地收益权方面，从初期的必须在服从集体的统一规划和安排的前提下从事农业生产活动，"交足国家的，留足集体的"，剩余的才是自己的。1984 年后，国家不再对农民下达农产品（个别产品除外）统购派购任务，农民生产经营自主权得到一定程度的释放，农户除了上交农业税，农业收入开始逐步归自家所有，农地收益权得到进一步保障。到 2005 年，废除农业税，农地收益权已完全归农民所独享。⑥农地处分权，农地流转经历了明令禁止、逐步允许并得到法律确认、缓慢发育、规范化发展和快速发展 5 个时期。

从农地产权稳定性的事实稳定来看，样本区域的调研数据反映，地方政府基本上落实了国家关于强化农地产权的有关规定。具体来看：①农地使用权期限的规定基本得以落实。②虽然国家明令禁止大调整，严格限制小调整，但是二轮承包以来，样本区域仍有 37.50% 的村庄进行了农地调整，其中，9.38% 的村庄进行了大调整，30.21% 的村庄进行了小调整。③农地承包合同签订率和农地承包经营权证书发放率稳步提高。截至 2012 年，样本地区农地承包合同签订率为 86.46%，农地承包经营权证书发放率为 84.53%。④农户基本享有依法自愿有偿流转农地的权利。到 2012 年，农户可以自行把农地流转给本村农户和外村农户的比例为 85.42% 和 71.88%，不允许村内流转和村外流转的比例分别为 5.21% 和 13.54%。

8.1.2 农地流转和农地投资现状

从农地流转来看，2012 年样本区域农户农地流转（转入）比例为 28.79%，农户农地转出参与率为 15.58%，其中既转出又转入的农户所占比例为 1.94%。但是，现有农地流转的市场化程度总体上较低：首先，有很大比例的农地流转发生在亲属和熟人之间；其次，74.18% 的农地流转合同都采用口头协议（没有签订书面流转合同），且约定期限固定的比例不到一半（48.65%）。但值得欣慰的是，期限固定合同的平均期限为 12.18 年。租金支付方式中现金支付占主导地位，比例为 53.08%。虽然政府鼓励农户自愿有偿流转农地，但仍然有高达 36.04% 的农地是无偿流转的。

从农地投资来看，农户开展农田基本建设的积极性不高，2009～2012 年的 4909 块样本经营地块中仅有 10.69% 进行了农田基本建设，且省份差异较大，河南农田基本建设的比例达到 19.20%，四川仅为 0.70%，与河南相差了 18.44 个百分点。从农田基本建设投资项目的具体内容来看，43.05% 的地块进行了修水渠，29.52% 的地块采取了打井措施，20.76% 的地块进行了土地平整投资，还有 6.67% 的地块采取了其他措施。各省农田基本建设投资项目的侧重点有所不同。山东和吉林主要在打井项目上进行投资，浙江、河南和四川 3 省主要在沟渠修整项目上进行投资，甘肃主要进行了土地平整投资。农田基本建设投资项目主要还是以政府为主，其中村及村以下的投资项目占主导地位。而个人投资农田基本建设中，有 46.36% 地块获得了补贴。补贴有一半来自于县及以上的部门，现金是最主要的补贴方式。此外，样本区域仅有 19.37% 的地块施用了有机肥，平均施用量是 1.93 吨/公顷。各省有机肥投入差异较大，四川有 34.76% 的地块施用了有机肥，平均施用量为 1.93 吨/公顷，而河南调查地块的有机肥施用率仅为1.72%，有机肥施用量才 0.04 吨/公顷。从有机肥类型来看，样本区域把农家肥作为最主要的有机肥，且有机肥主要来源于农户自家。

8.1.3 产权稳定性对农地流转的影响

理论分析结果表明，农地产权不稳定，会造成农地产权的不完整，增加农地流转的交易费用，对农户的农地流转行为具有反向作用。实证研究中选用农户拥有土地使用凭证的比例和二轮承包以来村级土地调整频率（次数）分别作为农地产权法律稳定和事实稳定的识别变量。计量模型估计结果表明：①农地产权法律稳定和事实稳定变量对农户转出农地和农地转入都有显著的影响。在保持其他条件不变的情况下，农地使用凭证每上升 1 个百分点，农户转出和转入农地的概率都将上升 0.07 个百分点；村级农地调整每增加 1 次，农户转出和转入农地的概率分别将下降 2.37 个百分点和 1.88 个百分点。同时，在控制其他特征变量后，农地使用凭证每上升 1 个百分点，农户农地转出和转入的面积将分别增加0.03 公顷和 0.17 公顷；村级农地调整每增加 1 次，农户农地转出和转入的面积将分别减少 0.01 公顷和 0.03 公顷。即农地产权法律稳定和事实稳定变量会显著影响农户的农地流转行为。可能的原因是，农地产权不稳定会增加农地流转的交易费用，降低农户农地流转的期望效用，进而导致农户不敢流转或缩小农地流转的规模。②农户特征变量中，年龄大的户主更可能转出农地。家庭总人口数量显著降低了农户转出农地的可能性。农户自家承包地较为充足，其农地转出的可能性相对较大。③从村庄特征变量来看，村庄的非农经济越发达或外出务工的村民比例越高，农户转出土地从事非农生产活动的可能性越大。

8.1.4 产权稳定性对农地投资的影响

理论分析结果表明，不稳定的农地产权意味着投资不确定性的增加，使得农地投资者的回报缺乏保障，从而削弱农户对农地的投资热情。实证中，选用农户拥有土地使用凭证的比例和二轮承包以来村级土地调整频率（次数）分别作为农地产权法律稳定和事实稳定的识别变量。计量模型估计结果表明：①产权稳定性对农户的长期投资行为有显著的影响。在保持其他条件不变的情况下，村级土地调整每增加一个单位，农户施用有机肥的概率将下降 0.96 个百分点，每公顷农地有机肥的施用量将减少 0.16 吨。这说明，农户所在村庄农地调整越频繁，其施用有机肥的可能性越低、施用量也越少。可能的原因是，农地的频繁调整提高了农地政策变化的不可预期性，导致农地产权在事实上变得不稳定，导致农地使用权的"保证效益"、转让权的"交易效益"以及抵押权的"信贷效益"降低，进而影响农户对农地的投资。②农户特征变量中，户主的年龄和受教育程度都对农户的农地长期投资有显著正向影响，户主年龄越大、受教育年数越多、风险规避程度越小，越有可能在农地上施用有机肥，且施用量也越大。家庭非农就业人数对农户农地长期投资有显著的负向影响，家庭非农就业人数越多，有机肥施用的概率越低，施用量也越小。③地块特征变量中，地块离家距离越远、地块不是平地，农户施用有机肥的概率越小，施肥量也越少。此外，地块的质量和土地的类型也在一定程度上影响农户农地长期投资行为。与低等质量的地块相比，农户在高中等质量地块上施用有机肥的可能性更大，施用量也更多。与壤土和黏土型地块相比，农户更愿意在沙土型地块上施用有机肥。

8.1.5　产权稳定性对农地产出的影响

理论分析结果表明，产权稳定性会减少农地流转交易成本，有利于促进农户流转农地，进而提高农地产出；产权稳定性对农地投资有刺激效益，而投资作为要素投入的重要组成部分必然有利于提高农地产出。因此，农地产权对农地产出有促进作用。实证中，选用农户拥有土地使用凭证的比例和二轮承包以来村级土地调整频率（次数）分别作为农地产权法律稳定和事实稳定的识别变量。计量模型估计结果表明：①产权稳定性对农地产出确实有一定的正向激励作用，但是这种激励作用因作物品种的不同存在一些差异。具体而言，农地产权法律稳定的识别变量（使用凭证比例）对所有作物单产都没有显著影响；农地产权事实稳定的识别变量（农地调整次数）对玉米和水稻单产有显著的影响，即农地调整越频繁，作物单位面积的产量越低。村级土地调整每增加 1 次，每公顷玉米的产量将减少 91.23 公斤，每公顷水稻的产量将减少 110.33 公斤。②农户特征变量中，户主受教育程度、家庭非农就业人数、风险规避程度和务农人数也在一定程度上对小麦和玉米的单产起正向或负向的影响。③地块特征变量中，高质量地块及平地地块都会显著提高作物的单产，气候特变变量（是否灾害）则会显著降低作物的单产。④验证产权稳定性的间接效应时发现,农地配置效率对所有作物的农地产出都没有显著的影响。而农地投资激励效益仅在玉米样本中对农地产出有显著的正向影响。

8.2 政策建议

基于上文的研究结论,为推进农地流转工作、刺激农户对农地进行投资,进一步提高农地产出,本书提出以下政策建议:

第一,完善农地产权制度相关法律法规,提高有关政策的执行效率。农地政策目标的实现需要法律政策的保障,更需要相关政策的严格执行。因此,首先,要完善农地产权制度相关法律法规,明确农地所有权归属,从源头上杜绝农地产权的潜在威胁。其次,各级政府部门应严格落实中央的农地政策,严禁任何单位和个人随意变更承包关系和调整农地,切实提高农地有关政策的执行效率,保障农地产权事实稳定。

第二,做细做实农地承包经营权确权登记颁证工作,落实农地产权全面覆盖。虽然《土地管理法》《农村土地承包法》《物权法》等法律法规都提出要稳定农户农地产权,强化土地承包合同和土地承包经营权证书等文件对农地产权的保护作用,但仍然有相当比例的农户没有土地承包合同或土地经营权证书,在一定程度上削弱了农地产权的稳定性,进而影响农民农地经营的预期。因此,为促进农地流转和农地投资健康进行,在新一轮农村土地承包经营权确权登记颁证中,应按照有关政策规定,在保持稳定、民主协商、因地制宜的基础上,依法规范地做细做实各项基础工作,切实保障农民"得证、识证、用证",落实土地确权登记发证全面覆盖,进一步保障农地产权。

第三,加强法律知识的宣传教育,提高农户对农地产权的认知。农户对农地产权的认知会直接影响其行为决策,因此要引导正确的产权认知行为,避免土地利用过程中产生矛盾。具体而言,一方面要通过系统学习和会议传达等方式加强对地方干部的宣传和教育,避免其对农户农地产权不合理的干预;另一方面要通过电视、广播、宣传册等媒介形式提高农户对农地法律政策的认知。此外,还应强化农户的维权意识,对地方任意调整农地损害农户合法权益等行为要进行依法维权。

第四，健全农地流转合同管理制度，降低农地流转风险。虽然《农村土地承包法》《物权法》都对农民承包土地的使用权做出了详细规定，以保障农民的土地权益。但中国农村长期以来形成的"人情取向"行为模型，导致农户间农地流转协议（合同）的签订往往倾向于"重口头、轻书面"。这些协议一方面约定内容不明确，对农地流转的用途、期限、租金的支付方式及违约责任等重要事项，约定过于简单；另一方面违反了有关法律的强制性规定，导致协议无效或部分无效，给农地流转带来了较大的风险。在权利意识高涨和规则意识淡漠并存的情况下，一旦出现农地流转纠纷，会严重损害流转双方的利益，进而制约农地流转活动。因此，首先要加强农地流转相关法律法规和政策的宣传工作，让农户明确自己的权利、责任和义务；其次要健全农地流转合同管理制度，引导农户签订正规的农地流转合同，形成长期租约，并按照协议规定认真履行职责；最后要成立农地流转纠纷仲裁委员会，及时处理农地流转纠纷。

第五，完善农村社会保障体系，增强农户风险防御能力。农地是农民的"命根子"，肩负着农民的生活保障功能，但却阻碍了农地流转市场的发育。因此要促进农地流转，需要先消除农民的后顾之忧，这样才能提高农户农地流转的积极性。为此，应完善以新型社会养老保险、新型农村合作医疗、农村最低生活保障、农村五保供养和城乡医疗救助等为主要内容的农村社会保障体系，使农户在转让农地土地经营权的同时，将流转农地所得部分收益作为农户家庭的基本生活保障费用，增强农户风险防御能力，逐步弱化农地对农户的生活保障功能。此外，要大力发展农村的工业和服务业，增加农村非农就业的岗位，加强农村剩余劳动力的职业技能培训，引导农村剩余劳动力合理有效转移。

8.3 研究不足与研究展望

第一，调研数据的缺陷。本书使用的是 2013 年全国 8 省 1136 个农户 2308 个地块的调查数据，虽然样本量较大，抽样方法严谨科学，而且调查能够精确获取到地块层面的信息，但遗憾的是调研数据仅是截面数据，且存在一定的时效性问题。但是，基于"农地流转"等主题搜索的最新文献分析，最新发表的文章大多是基于个别省份（地区）的调查，如夏显力等（2018）用的是 2016 年在关中—天水经济区的数据；陈振等（2018）用的是 2015 年和 2016 年在安徽 3 个县的调查数据；张建等（2017）用的是 2014 年和 2015 年在江苏省 4 个县的调查数据；马贤磊等（2017）用的是 2015 年在江西省 2 个县的调查数据；杨昭熙等（2017）用的是 2015 年在武汉市的农户调查数据。这些研究虽然数据较新，但与本书相比研究区域较小；当然也有一些研究是基于全国范围进行的调查，如陈杰等（2017）用的是农业部农村固定观察点 2009~2011 年的数据，许庆等（2017）利用 2011 年"中国健康与养老追踪调查"（CHARLS）数据，这些研究虽然是全国多省的调查，但与本书相比，时效性问题更为突出。无论如何，在今后的研究中，可以尝试对本书所调研的农户进行追踪调查，形成面板数据，对本书所关注的问题再次进行检验。

第二，计量方法的不足。本书主要使用 Logit、Tobit 等计量模型，考察产权稳定性对农户农地流转行为的影响以及产权稳定性对农户长期投资行为的影响，虽然用 LPM 模型和 OLS 模型对有关方程进行了再次估算并得到了稳健的结果，但是没有详细讨论农户的农地流转行为（是否流转及流转规模）和农地投资行为（是否投资及投资水平）是否一定是联立的。如果不是联立的，用 Double Hurdle 模型是不是更适合。此外，在变量选取方面，虽然用村级变量（该地块使用凭证比例、二轮承包以来村级土地调整次数）作为农地产权法律稳定和事实稳定的识别变量，但是本书并没有选用合适的工具变量（IV）方法对重点问题进行再次检验。因此，在今后的研究中，可以考虑选用合适的变量作为产权稳定性的工具变量，并运用 Double Hurdle 的模型对类似问题进行深入的分析。

第三，研究内容的欠缺。本书在考察产权稳定性对农地产出的影响时，主要用作物的单产识别农地产出，可能会存在代表性不足的问题。另外，受本书逻辑结构的限制，诸如农地流转合约选择、农地流转对象对农地投资的影响以及农地流转绩效评估等一些很有意思问题，研究者并没有进行探讨。因此，在今后的研究中，一方面可以考虑计算地块的人均单产，并把它作为农地产出的代理变量；另一方面也可以尝试对农地流转合约和农地流转绩效评估等问题进行分析。

附　录

附录 I　改革开放以来的农地政策回顾

附表 1　1978 年以来关于农地所有权的重要法律与政策一览

年份	政策和法规	相关内容
1982	《中华人民共和国宪法》	农村和城市郊区的土地，除由法律规定属于国家所有的以外，属于集体所有
1986	《中华人民共和国土地管理法》	农村和城市郊区的土地，除法律规定属于国家所有的以外，属于集体所有；集体所有的土地依照法律属于村农民集体所有，由村农业生产合作社等农业集体经济组织或者村民委员会经营、管理；已经属于乡镇农民集体经济组织所有的，可以属于乡镇农民集体所有
1987	《中华人民共和国民法通则》	集体所有的土地依照法律属于村农民集体所有，由村农业生产合作社等农业集体经济组织或者村民委员会经营、管理。已经属于乡（镇）农民集体经济组织所有的，可以属于乡（镇）农民集体所有
1998	《中华人民共和国土地管理法》	农村和城市郊区的土地，除由法律规定属于国家所有的以外，属于农民集体所有；宅基地和自留地、自留山，属于农民集体所有；农民集体所有的土地，由县级人民政府登记造册，核发证书，确认所有权
2002	《中华人民共和国农村土地承包法》	农民集体所有的土地依法属于村农民集体所有的，由村集体经济组织或者村民委员会发包
2007	《中华人民共和国物权法》	耕地的承包期为三十年，前款规定的承包期届满，由土地承包经营权人按照国家有关规定继续承包
2012	《关于加快推进农业科技创新持续增强农产品供给保障能力的若干意见》	2012 年基本完成覆盖农村集体各类土地的所有权确权登记颁证

续表

年份	政策和法规	相关内容
2013	《关于加快发展现代农业进一步增强农村发展活力的若干意见》	加快包括农村宅基地在内的农村集体土地所有权和建设用地使用权地籍调查，尽快完成确权登记颁证工作
2015	《关于加大改革创新力度加快农业现代化建设的若干意见》	界定农村土地集体所有权、农户承包权、土地经营权之间的权利关系；统筹推进与农村土地有关的法律法规制定和修改工作
2016	《关于完善农村土地所有权承包权经营权分置办法的意见》	确保农民集体有效行使集体土地所有权
2017	《关于深入推进农业供给侧结构性改革加快培育农业农村发展新动能的若干意见》	落实农村土地集体所有权、农户承包权、土地经营权"三权分置"办法
2018	《中共中央国务院关于实施乡村振兴战略的意见》	在依法保护集体土地所有权和农户承包权前提下，平等保护土地经营权

附表2　1978年以来关于农地使用权期限的重要法律与政策一览

年份	政策和法规	相关内容
1982	《全国农村工作会议纪要》	目前实行的各种责任制，包括小段包工定额计酬，专业承包联产计酬，联产到劳，包产到户、到组，包干到户、到组，等等，都是社会主义集体经济的生产责任制
1984	《一九八四年农村工作的通知》	土地承包期一般应在十五年以上。生产周期长的和开发性的项目，如果树、林木、荒山、荒地等，承包期应当更长一些
1993	《关于当前农业和农村经济发展的若干政策措施》	为了稳定土地承包关系，鼓励农民增加投入，提高土地的生产率，在原定的耕地承包期到期之后，再延长三十年不变。开垦荒地、营造林地、治沙改土等从事开发性生产的，承包期可以更长
1998	《中华人民共和国土地管理法》	土地承包经营期限为三十年。农民的土地承包经营权受法律保护
2003	《中华人民共和国农村土地承包法》	耕地的承包期为三十年

续表

年份	政策和法规	相关内容
2007	《中华人民共和国物权法》	耕地的承包期为三十年，前款规定的承包期届满，由土地承包经营权人按照国家有关规定继续承包
2008	《推进农村改革发展若干重大问题的决定》	赋予农民更加充分而有保障的土地承包经营权，现有土地承包关系要保持稳定并长久不变
2009	《关于2009年促进农业稳定发展农民持续增收的若干意见》	赋予农民更加充分而有保障的土地承包经营权，现有土地承包关系要保持稳定并长久不变
2010	《关于加大统筹城乡发展力度　进一步夯实农业农村发展基础的若干意见》	完善农村土地承包法律法规和政策，加快制定具体办法，确保农村现有土地承包关系保持稳定并长久不变
2012	《关于加快推进农业科技创新持续增强农产品供给保障能力的若干意见》	加快修改完善相关法律，落实现有土地承包关系保持稳定并长久不变的政策
2013	《关于加快发展现代农业进一步增强农村发展活力的若干意见》	抓紧研究现有土地承包关系保持稳定并长久不变的具体实现形式，完善相关法律制度
2014	《关于全面深化农村改革加快推进农业现代化的若干意见》	稳定农村土地承包关系并保持长久不变，在坚持和完善最严格的耕地保护制度前提下，赋予农民对承包地占有、使用、收益、流转及承包经营权抵押、担保权能
2015	《关于加大改革创新力度加快农业现代化建设的若干意见》	抓紧修改农村土地承包方面的法律，明确现有土地承包关系保持稳定并长久不变的具体实现形式，界定农村土地集体所有权、农户承包权、土地经营权之间的权利关系，保障好农村妇女的土地承包权益
2016	《关于完善农村土地所有权承包权经营权分置办法的意见》	稳定农村土地承包关系，落实集体所有权，稳定农户承包权，放活土地经营权，完善"三权分置"办法，明确农村土地承包关系长久不变的具体规定
2017	《决胜全面建成小康社会　夺取新时代中国特色社会主义伟大胜利》	保持土地承包关系稳定并长久不变，第二轮土地承包到期后再延长三十年
2018	中共中央国务院关于实施乡村振兴战略的意见	落实农村土地承包关系稳定并长久不变政策，衔接落实好第二轮土地承包到期后再延长三十年的政策，让农民吃上长效"定心丸"

附表3　1978年以来关于农地调整的重要法律与政策一览

年份	政策和法规	相关内容
1984	《一九八四年农村工作的通知》	在延长承包期以前，群众有调整土地要求的，可以本着"大稳定，小调整"的原则，经过充分商量，由集体统一调整
1993	《关于当前农业和农村经济发展的若干政策措施》	为了避免承包耕地的频繁变动，防止耕地经营规模不断被细分，提倡在承包期内实行"增人不增地，减人不减地"的办法
1995	《国务院批转农业部关于稳定和完善土地承包关系意见的通知》	提倡在承包期内实行"增人不增地、减人不减地"。对于确因人口增加较多，集体和家庭均无力解决就业问题而生活困难的农户，尽量通过"动账不动地"的办法解决，也可以按照"大稳定、小调整"的原则，经该集体经济组织内部大多数农民同意，适当调整土地。但"小调整"的间隔期最短不得少于5年。进行土地调整时，如人少地多的村级集体经济组织绝大多数农民愿意在全村范围内进行重新调整的，应由县、乡两级农业承包合同管理机关一起调查核实，并对土地补偿及债权、债务提出切实可行的处理意见，报县级人民政府批准后方可进行
1997	《关于进一步稳定和完善农村土地承包关系的通知》	不能将原来的承包地打乱重新发包，更不能随意打破原生产队土地所有权的界限，在全村范围内平均承包。小调整只限于人地矛盾突出的个别农户，不能对所有农户进行普遍调整
1998	《中华人民共和国土地管理法》	在土地承包经营期限内，对个别承包经营者之间承包的土地进行适当调整的，必须经村民会议2/3以上成员或者2/3以上村民代表的同意，并报乡（镇）人民政府和县级人民政府农业行政主管部门批准
2002	《中华人民共和国农村土地承包法》	承包期内，发包方不得调整承包地。承包期内，因自然灾害严重毁损承包地等特殊情形对个别农户之间承包的耕地和草地需要适当调整的，必须经本集体经济组织成员的村民会议2/3以上成员或者2/3以上村民代表的同意，并报乡（镇）人民政府和县级人民政府农业等行政主管部门批准。承包合同中约定不得调整的，按照其约定
2007	《中华人民共和国物权法》	承包期内发包人不得调整承包地。因自然灾害严重毁损承包地等特殊情形，需要适当调整承包的耕地和草地的，应当依照农村土地承包法等法律规定办理。承包期内发包人不得收回承包地。农村土地承包法等法律另有规定的，依照其规定
2007	《关于开展全国农村土地突出问题专项治理的通知》	检查承包期内收回和调整农民承包土地的情况，依法纠正违法收回和调整农民承包地的问题

续表

年份	政策和法规	相关内容
2008	《关于切实加强农业基础建设进一步促进农业发展农民增收的若干意见》	严格执行土地承包期内不得调整、收回农户承包地的法律规定
2009	《关于2009年促进农业稳定发展农民持续增收的若干意见》	赋予农民更加充分而有保障的土地承包经营权，现有土地承包关系要保持稳定并长久不变
2009	《关于2009年促进农业稳定发展农民持续增收的若干意见》	严格执行土地承包期内不得调整、收回农户承包地的法律规定
2016	《关于完善农村土地所有权承包权经营权分置办法的意见》	在完善"三权分置"办法的过程中，要充分维护农民集体对承包地发包、调整、监督、收回等各项权能，发挥土地集体所有的优势和作用。有权因自然灾害严重毁损等特殊情形依法调整承包地

附表4　1978年以来关于农地确权的重要法律与政策一览

年份	政策和法规	相关内容
1982	《全国农村工作会议纪要》	实行各种承包责任制的生产队，必须抓好订立合同的工作，把生产队与农户、作业组、专业人之间的经济关系和双方的权利、义务用合同形式确定下来
1984	《一九八四年农村工作的通知》	社员在承包期内，因无力耕种或转营他业而要求不包或少包土地的，可以将土地交给集体统一安排，也可以经集体同意，由社员自找对象协商转包，但不能擅自改变向集体承包合同的内容。地区性合作经济组织应当把工作重点转移到组织为农户服务的工作上来，首先要做好土地管理和承包合同管理
1997	《进一步稳定和完善农村土地承包关系的通知》	延长土地承包期后，乡（镇）人民政府农业承包合同主管部门要及时向农户颁发由县或县级以上人民政府统一印制的土地承包经营权证书
1998	《中华人民共和国土地管理法》	农民集体所有的土地，由县级人民政府登记造册，核发证书，确认所有权。依法登记的土地的所有权和使用权受法律保护，任何单位和个人不得侵犯
2003	《中华人民共和国农村土地承包法》	发包方应当与承包方签订书面承包合同。承包合同自成立之日起生效。承包方自承包合同生效时取得土地承包经营权。县级以上地方人民政府应当向承包方颁发土地承包经营权证或者林权证等证书，并登记造册，确认土地承包经营权

年份	政策和法规	相关内容
2003	《中华人民共和国农村土地承包经营权证管理办法》	农村土地承包经营权证是农村土地承包合同生效后，国家依法确认承包方享有土地承包经营权的法律凭证。农村土地承包经营权证只限承包方使用。承包耕地、园地、荒山、荒沟、荒丘、荒滩等农村土地从事种植业生产活动，承包方依法取得农村土地承包经营权后，应颁发农村土地承包经营权证予以确认。实行家庭承包经营的承包方，由县级以上地方人民政府颁发农村土地承包经营权证。农村土地承包经营权证所载明的权利有效期限，应与依法签订的土地承包合同约定的承包期一致
2007	《关于开展全国农村土地突出问题专项治理的通知》	检查农村土地延包后续完善情况，依法纠正农民土地承包经营权不落实、土地承包经营权证发放不到户、土地承包合同未签订到户的问题。农村土地承包经营权证到户率2007年底达到90%以上
2008	《切实加强农业基础设施建设进一步促进农业发展农民增收的若干意见》	各地要切实稳定农村土地承包关系，认真开展延包后续完善工作，确保农村土地承包经营权证到户。加强农村土地承包规范管理，加快建立土地承包经营权登记制度
2008	《关于推进农村改革发展若干重大问题决定》	搞好农村土地确权、登记、颁证工作
2010	《关于加大统筹城乡发展力度 进一步夯实农业农村发展基础的若干意见》	继续做好土地承包管理工作，全面落实承包地块、面积、合同、证书"四到户"，扩大农村土地承包经营权登记试点范围，保障必要的工作经费
2011	《关于开展农村土地承包经营权登记试点工作的意见》	开展土地承包档案清理。查清承包地块面积和空间位置。建立健全土地承包经营权登记簿。开展土地承包经营权变更、注销登记。对其他承包方式开展确权登记颁证。做好土地承包经营权登记资料归档
2012	《关于加快推进农业科技创新持续增强农产品供给保障能力的若干意见》	加快推进农村地籍调查，2012年基本完成覆盖农村集体各类土地的所有权确权登记颁证，推进包括农户宅基地在内的农村集体建设用地使用权确权登记颁证工作，稳步扩大农村土地承包经营权登记试点，财政适当补助工作经费
2013	《关于加快发展现代农业进一步增强农村发展活力的若干意见》	全面开展农村土地确权登记颁证工作，用5年时间基本完成农村土地承包经营权确权登记颁证工作，妥善解决农户承包地块面积不准、四至不清等问题
2014	《关于全面深化农村改革加快推进农业现代化的若干意见》	切实加强组织领导，抓紧抓实农村土地承包经营权确权登记颁证工作，充分依靠农民群众自主协商解决工作中遇到的矛盾和问题，可以确权确地，也可以确权确股不确地，确权登记颁证工作经费纳入地方财政预算，中央财政给予补助

续表

年份	政策和法规	相关内容
2015	《关于加大改革创新力度加快农业现代化建设的若干意见》	对土地等资源性资产，重点是抓紧抓实土地承包经营权确权登记颁证工作，扩大整省推进试点范围，总体上要确地到户，从严掌握确权确股不确地的范围
2016	《关于落实发展新理念加快农业现代化实现全面小康目标的若干意见》	继续扩大农村承包地确权登记颁证整省推进试点
2016	《关于完善农村土地所有权承包权经营权分置办法的意见》	加快推进农村承包地确权登记颁证，形成承包合同网签管理系统，健全承包合同取得权利、登记记载权利、证书证明权利的确权登记制度。提倡通过流转合同鉴证、交易鉴证等多种方式对土地经营权予以确认，促进土地经营权功能更好实现
2018	《中共中央国务院关于实施乡村振兴战略的意见》	全面完成土地承包经营权确权登记颁证工作，实现承包土地信息联通共享

附表5　1978年以来关于农地收益权的重要法律与政策一览

年份	政策和法规	相关内容
1982	《全国农村工作会议纪要》	集体所有的耕地、园地、林地、草地、水面、滩涂以及荒山、荒地等的使用，必须服从集体的统一规划和安排，任何单位和个人一律不准私自占有；为了保证土地所有权和经营权的协调与统一，社员承包的土地，必须依照合同规定，在集体统一计划安排下，从事生产为了保证土地所有权和经营权的协调与统一，社员承包的土地，必须依照合同规定，在集体统一计划安排下，从事生产
1983	《当前农村经济政策的若干问题》	人民公社原来的基本核算单位即生产队或大队，在实行联产承包以后，有的以统一经营为主，有的以分户经营为主。它们仍然是劳动群众集体所有制的合作经济。它们的管理机构还必须按照国家的计划指导安排某些生产项目，保证完成交售任务，管理集体的土地等基本生产资料和其他公共财产，为社员提供各种服务
1984	《一九八四年农村工作的通知》	为了引导农民有计划地进行生产，农副产品统派购任务必须落实到生产单位，几年一定不变；大宗的三类产品和其他计划外产品，也要在安排生产之前与农民签订合同。购销合同一经签订，双方都不得任意变更
1985	《进一步活跃农村经济的十项政策》	除个别品种外，国家不再向农民下达农产品统购派购任务，按照不同情况，分别实行合同定购和市场收购。任何单位都不得再向农民下达指令性生产计划

年份	政策和法规	相关内容
2003	《中华人民共和国农村土地承包法》	发包方要尊重承包方的生产经营自主权，不得干涉承包方依法进行正常的生产经营活动；承包方依法享有承包地使用、收益和土地承包经营权流转的权利，有权自主组织生产经营和处置产品
2005	《关于进一步加强农村工作提高农业综合生产能力若干政策的意见》	尊重和保障农户拥有承包地和从事农业生产的权利，尊重和保障外出务工农民的土地承包权和经营自主权
2005	《关于废止中华人民共和国农业税条例的决定》	废止中华人民共和国农业税
2016	《关于完善农村土地所有权承包权经营权分置办法的意见》	承包农户有权占有、使用承包地，依法依规建设必要的农业生产、附属、配套设施，自主组织生产经营和处置产品并获得收益；经营主体有权使用流转土地自主从事农业生产经营并获得相应收益

附表 6　1978 年以来关于农地流转的重要法律与政策一览

年份	政策和法规	相关内容
1982	《全国农村工作会议纪要》	社员承包的土地，不准买卖、不准出租、不准转让、不准荒废，否则集体有权收回；社员无力经营或转营他业时应退还集体
1983	《当前农村经济政策的若干问题》	稳定完善农业生产责任制，鼓励实行联产承包责任制
1984	《一九八四年农村工作的通知》	鼓励土地逐步向种田能手集中，社员在承包期内，因无力耕种或转营他业而要求不包或少包土地的，可以将土地交给集体统一安排，也可以经集体同意，由社员自找对象协商转包，但不能擅自改变向集体承包合同的内容。转包条件可以根据当地情况，由双方商定；荒芜、弃耕的土地，集体应及时收回
1985	《进一步活跃农村经济的十项政策》	联产承包责任制和农户家庭经营长期不变
1986	《一九八六年农村工作的部署》	随着农民向非农业产业转移，鼓励耕地向种田能手集中，发展适度规模的种植专业户
1987	《把农村改革引向深入》	长期从事别的职业，自己不耕种土地的，除已有规定者外，原则上应把承包地交回集体，或经集体同意后转包他人
1988	《夺取明年农业丰收的决定》	引导农民实行适度规模经营，进一步提高农业劳动生产率

续表

年份	政策和法规	相关内容
1990	《一九九一年农业和农村工作的通知》	按照基本等量等质原则适当调整零散不便耕作的土地，少数确有条件发展农业适度规模经营的地方，可以因地制宜地适当调整
1993	《当前农业和农村经济发展的若干政策措施》	在坚持土地集体所有和不改变土地用途的前提下，经发包方同意，允许土地的使用权依法有偿转让
1993	《建立社会主义市场经济体制若干问题的决定》	在坚持土地集体所有制的前提下，延长耕地承包期，允许继承土地开发性生产项目的承包经营权，允许土地使用权依法有偿转让
1994	《一九九四年农业和农村工作的意见》	重点抓好延长耕地承包期和土地使用权有偿转让等政策的贯彻落实
1995	《做好1995年农业和农村工作的意见》	要逐步完善土地使用权的流转制度
1995	《稳定和完善土地承包关系的通知》	在坚持土地集体所有和不改变土地农业用途的前提下，经发包方同意，允许承包方在承包期内，对承包标的，依法转包、转让、互换、入股，其合法权益受法律保护
1996	《"九五"时期和今年农村工作的主要任务和政策措施》	随着劳动力向非农产业转移，要建立土地使用权流转机制，在具备条件的地方发展多种形式的适度规模经营
1997	《进一步稳定和完善农村土地承包关系的通知》	少数经济发达地区，农民自愿将部分"责任田"的使用权有偿转让或交给集体实行适度规模经营，这属于土地使用权正常流转的范围，应当允许
1998	《中共中央关于农业和农村工作若干重大问题的决定》	土地使用权的合理流转，要坚持自愿、有偿的原则依法进行，不得以任何理由强制农户转让。少数确实具备条件的地方，可以在提高农业集约化程度和群众自愿的基础上，发展多种形式的土地适度规模经营
1998	《中华人民共和国土地管理法》	农民集体所有的土地由本集体经济组织以外的单位或者个人承包经营的，必须经村民会议2/3以上成员或者2/3以上村民代表的同意，并报乡（镇）人民政府批准。任何单位和个人不得侵占、买卖或者以其他形式非法转让土地。土地使用权可以依法转让。农民集体所有的土地的使用权不得出让、转让或者出租用于非农业建设；但是，符合土地利用总体规划并依法取得建设用地的企业，因破产、兼并等情形致使土地使用权依法发生转移的除外。擅自将农民集体所有的土地的使用权出让、转让或者出租用于非农业建设的，由县级以上人民政府土地行政主管部门责令限期改正，没收违法所得，并处罚款
1999	《做好1999年农业和农村工作的意见》	承包合同和土地承包经营权证书全部签发到户。对承包合同、土地承包费的提取和使用、机动地以及农地流转等，要健全制度，实行规范管理

年份	政策和法规	相关内容
2000	《促进小城镇健康发展的若干规定》	对进镇落户的农民，可根据本人意愿，保留其承包土地的经营权，也允许依法有偿转让
2001	《做好农户承包地使用权流转工作的通知》	流转期限不得超过农户承包土地的剩余承包期；农地流转的主体是农户，土地使用权流转必须建立在农户自愿的基础上。在承包期内，农户对承包的土地有自主的使用权、收益权和流转权，有权依法自主决定承包地是否流转和流转的形式
2002	《做好2002年农业和农村工作的意见》	加强对农村土地流转的引导和管理，严禁强行收回农户承包地搞土地集中
2003	《中华人民共和国农村土地承包法》	通过家庭承包取得的土地承包经营权可以依法采取转包、出租、互换、转让或者其他方式流转
2004	《促进农民增加收入若干政策的意见》	健全在依法、自愿、有偿基础上的土地承包经营权流转机制，有条件的地方可发展多种形式的适度规模经营
2004	《关于妥善解决当前农村土地承包纠纷的紧急通知》	承包期内，除承包方全家迁入设区的市转为非农业户口的，不得收回农户的土地承包经营权
2005	《进一步加强农村工作提高农业综合生产能力若干政策的意见》	全面落实检查一些地方存在的随意收回农户承包地、强迫农户流转承包地等问题；承包经营权流转和发展适度规模经营，必须在农户自愿、有偿的前提下依法进行，防止片面追求土地集中
2006	《推进社会主义新农村建设的若干意见》	保护农民的土地承包经营权；健全在依法、自愿、有偿基础上的土地承包经营权流转机制，有条件的地方可发展多种形式的适度规模经营
2007	《积极发展现代农业扎实推进社会主义新农村建设的若干意见》	坚持农村基本经营制度，稳定土地承包关系，规范土地承包经营权流转
2007	《中华人民共和国物权法》	土地承包经营权人依照农村土地承包法的规定，有权将土地承包经营权采取转包、互换、转让等方式流转
2007	《关于开展全国农村土地突出问题专项治理的通知》	检查农村土地承包经营权流转情况，依法纠正强迫承包方流转土地承包经营权、截留扣缴承包方土地流转收益的问题
2008	《推进农村改革发展若干重大问题的决定》	建立健全土地承包经营权流转市场，按照依法自愿有偿原则，允许农民以转包、出租、互换、转让、股份合作等形式流转土地承包经营权，发展多种形式的适度规模经营

续表

年份	政策和法规	相关内容
2008	《切实加强农业基础设施建设进一步促进农业发展农民增收的若干意见》	按照依法自愿有偿原则，健全土地承包经营权流转市场。坚决防止和纠正强迫农民流转、通过流转改变土地农业用途等问题，依法制止乡、村组织通过"反租倒包"等形式侵犯农户土地承包经营权等行为
2009	《2009年促进农业稳定发展农民持续增收的若干意见》	土地承包经营权流转，不得改变土地集体所有性质、用途，不得损害农民土地承包权益。坚持依法自愿有偿原则，尊重农民的土地流转主体地位，任何组织和个人不得强迫流转，也不妨碍自主流转
2010	《加大统筹城乡发展力度进一步夯实农业农村发展基础的若干意见》	加强土地承包经营权流转管理和服务，健全流转市场，在依法自愿有偿流转的基础上发展多种形式的适度规模经营
2012	《加快推进农业科技创新持续增强农产品供给保障能力的若干意见》	按照依法自愿有偿原则，引导土地承包经营权流转，发展多种形式的适度规模经营，促进农业生产经营模式创新；加强土地承包经营权流转管理和服务，健全土地承包经营纠纷调解仲裁制度
2013	《全面深化改革若干重大问题的决定》	赋予土地承包经营权抵押、担保权能，允许农民以承包经营权入股发展农业产业化经营，鼓励承包经营权向农业企业流转，允许财政补助形成的资产转交合作社持有和管护
2013	《加快发展现代农业进一步增强农村发展活力的若干意见》	引导农村土地承包经营权有序流转，鼓励和支持承包土地向专业大户、家庭农场、农民合作社流转，发展多种形式的适度规模经营
2014	《全面深化农村改革加快推进农业现代化的若干意见》	在落实农村土地集体所有权的基础上，稳定农户承包权、放活土地经营权，允许承包土地的经营权向金融机构抵押融资。鼓励有条件的农户流转承包土地的经营权
2014	《引导农村土地承包经营权有序流转发展农业适度规模经营的意见》	鼓励创新土地流转形式。鼓励承包农户依法采取转包、出租、互换、转让及入股等方式流转承包地。鼓励有条件的地方制定扶持政策，引导农户长期流转承包地并促进其转移就业。鼓励农民在自愿前提下采取互换并地方式解决承包地细碎化问题；严格规范土地流转行为
2015	《关于加大改革创新力度加快农业现代化建设的若干意见》	引导土地经营权规范有序流转，创新土地流转和规模经营方式，积极发展多种形式适度规模经营。鼓励发展规模适度的农户家庭农场
2016	《关于完善农村土地所有权承包权经营权分置办法的意见》	始终坚持农村土地集体所有权的根本地位，严格保护农户承包权，加快放活土地经营权

年份	政策和法规	相关内容
2017	《关于深入推进农业供给侧结构性改革加快培育农业农村发展新动能的若干意见》	落实农村土地集体所有权、农户承包权、土地经营权"三权分置"办法

附录Ⅱ 产权稳定性对农田基本建设投资的影响（节选）

附表7 产权稳定性与农田基本建设投资的关系

	地块数	投资比例（%）
总样本	2308	6.20
有无使用凭证		
有	1551	7.03
无	757	4.49
农地调整次数		
0	1315	8.06
(0, 3]	879	4.21
>3	114	0.00

描述性统计分析结果表明，样本地块中有6.20%的地块进行了农田基本建设。需要说明的是，这里的农田基本建设特指农户出资自发产生的真实投资行为，不包括公共支出性质的农田基本建设。

从农地产权法律稳定的角度来看，农户在有使用凭证的地块上更倾向于进行农田基本建设。数据显示，在有使用凭证的地块中，有7.03%的地块施用了农田基本建设，比没有使用凭证的地块高出2.54个百分点。

从农地产权事实稳定的角度来看，农地调整越频繁，农户进行农田基本建设的概率越小。没有发生过农地调整的农户地块样本中，有8.06%的地块进行了农田基本建设，这一比例比其他两类农户分别高出3.85个百分点和8.06个百分点。

附表8　其他因素与农田基本建设投资的关系

	地块数	投资比例（%）
农户特征		
户主年龄（岁）		
≤45	547	4.75
(45，60]	1165	6.70
>60	596	6.54
户主受教育程度（年）		
≤6	1026	6.82
[7，9]	1004	5.58
>9	278	6.12
风险规避程度		
[0，0.3]	630	3.17
[0.4，0.6]	1179	7.21
[0.7，0.9]	499	7.62
非农就业人数（人）		
0	467	6.85
(0，2]	1513	5.55
>2	328	8.23
是否养殖		
是	1290	5.89
否	1018	6.58
地块特征		
地块的距离		
≤0.25	747	5.22
(0.25，1]	1263	6.25
>1	298	8.39
地块的面积		
≤0.07	890	4.72
(0.07，0.15]	711	5.06
>0.15	707	9.19
地块的质量		
高	926	6.26

	地块数	投资比例（％）
中	954	6.50
低	428	5.37
地块的类型		
沙土	561	6.95
壤土	863	6.84
黏土	884	5.09
地块的地形		
平地	1710	6.49
非平地	598	5.35
灌溉条件		
可灌溉	1388	8.57
不可灌溉	920	2.61

从农户家庭特征来看，农户风险规避程度越高，进行农田基本建设的可能性越高。与风险规避指数在 0.7 以下的两类农户相比，风险规避指数在 0.7 及以上的农户进行农田基本建设的比例为 7.62％，分别比其他两类农户高 4.45 个百分点和 0.41 个百分点。从地块特征来看，地块离家距离越远，农户进行农田基本建设的概率越大。当地块离家距离大于 1 公里时，农户在该类地块上进行农田基本建设的概率为 8.39％，比离家距离在 0.25~1 公里的地块低 2.14 个百分点，比离家距离在 0.25 公里以内的地块低 3.17 个百分点。类似地，地块的面积越大，农户进行农田基本建设的可能性越大。当地块面积大于 0.15 公顷时，农户在该类地块上进行农田基本建设的概率为 9.19％，比面积在 0.07~0.15 公顷的地块高 4.13 个百分点，比面积在 0.07 公顷以内的地块高 4.47 个百分点。此外，农户在不同类型、地形及灌溉条件地块上进行农田基本建设的情况也不同，相比而言农户更倾向于在沙土、平地、可灌溉的地块上进行农田基本建设。

表 9 汇报了产权稳定性对农田基本建设投资影响的估计结果。整体来看，模型运行结果较好，大多数自变量的系数符号与预期相一致且统计检验较为显著。从产权稳定性角度来看，产权稳定性变量对农田基本建设投资有显著的影响，这和第 6 章研究所得的结论一致。Logit 模型估计结果显示，在控制其他特征变量不变的情况下，与没有使用凭证的地块相比，农户在有使用凭证的地块上进行农田

基本建设的概率将提高 2.54 个百分点；村级土地调整每增加 1 次，农户进行农田基本建设的概率将下降 1.70 个百分点。这说明，地块没有使用凭证、农户所在村庄农地调整越频繁，其进行农田基本建设的可能性越低。可能的原因是，不稳定的农地产权意味着投资不确定性的增加，使得农地投资者的回报缺乏保障，从而削弱农户对农地的投资热情。具体而言，地块缺少使用凭证、农地的频繁调整提高了农地政策变化的不可预期性，导致农地产权在法律和事实上变得不稳定，进而影响农户对农地的投资。

附表 9　产权稳定性对农田基本建设投资影响的估计结果

变量	一般估计	稳健性检验	
	Logit 边际效应	LPM	Logit 边际效应
主要自变量			
有无使用凭证	0.0254 *	0.0202	
	(0.0133)	(0.0124)	
使用凭证比例			0.0003 **
			(0.002)
农地调整次数	-0.0170 ***	-0.0018 *	-0.0170 ***
	(0.0061)	(0.0010)	(0.0061)
农户特征变量			
户主年龄	0.0023 ***	0.0021 ***	0.0023 ***
	(0.0006)	(0.0006)	(0.0006)
户主受教育程度	0.0004	0.0005	0.0003
	(0.0017)	(0.0017)	(0.0017)
风险规避程度	-0.0065	-0.0135	-0.0072
	(0.0195)	(0.0179)	(0.0195)
家庭非农就业人数	0.0105 **	0.0111 **	0.0111 **
	(0.0045)	(0.0054)	(0.0045)
是否养殖	-0.0094	-0.0073	-0.0109
	(0.0122)	(0.0117)	(0.0123)
地块特征变量			
地块离家距离	0.0062	0.0108	0.0067
	(0.0083)	(0.0107)	(0.0083)

变量	一般估计	稳健性检验	
	Logit 边际效应	LPM	Logit 边际效应
地块面积	0.0463 ***	0.0869 ***	0.0420 ***
	(0.0122)	(0.0113)	(0.0116)
高质量地块	-0.0067	-0.0104	-0.0070
	(0.0153)	(0.0140)	(0.0154)
中等质量地块	0.0085	0.0101	0.0077
	(0.0149)	(0.0135)	(0.0150)
壤土	-0.0145	-0.0198	-0.0154
	(0.0129)	(0.0152)	(0.0129)
黏土	-0.0316 **	-0.0372 ***	-0.0325 **
	(0.0127)	(0.0138)	(0.0128)
是否平地	-0.0078	-0.0216 *	-0.0077
	(0.0127)	(0.0124)	(0.0126)
能否灌溉	0.0940 ***	0.0846 ***	0.0928 ***
	(0.0155)	(0.0118)	(0.0154)
品种虚拟变量			
玉米	-0.0026	-0.0002	-0.0031
	(0.0124)	(0.0127)	(0.0124)
水稻	0.0122	0.0148	0.0109
	(0.0239)	(0.0197)	(0.0238)
省级虚拟变量	已控制	已控制	已控制
样本数	2308	2308	2308
Pseudo R^2	0.1698		0.1718
Log pseudolikelihood	-445.1400		-444.1025
F		7.44	
R^2		0.086	

注：小括号内数值为稳健标准误；＊＊＊、＊＊和＊分别表示通过了1%、5%和10%统计水平的显著性检验。

农户特征变量中，户主的年龄和家庭非农就业人数变量都对农田基本建设有显著正向影响，即在保持其他因素不变的前提下，户主年龄越大、家庭非农就业人数越多，越有可能进行农田基本建设。地块特征变量中，多数变量的系数符号和预期高度一致，且统计检验十分显著。如地块面积越大、地块能灌溉，农户进行农田基本建设的可能性越大。

　　为了验证本书结果的稳健性，本书做了两个稳健性检验：第一，使用LPM计量模型检验产权稳定性对农田基本建设投资的影响。第二，由于农户的转入地都没有本书所强调的使用凭证，会导致一定的选择性偏误的问题。鉴于此，选用农地使用凭证比例作为农地产权法律稳定的代理变量，使用Logit模型重新检验产权稳定对农田基本建设投资的影响。稳健性检验结果如附录Ⅲ表中表明主要自变量系数的符号和前面相一致，且统计检验依旧十分显著，这说明产权稳定性对农田基本建设投资确实有显著的影响。

附录Ⅲ　村级调查问卷（节选）

村级调查表

调查年份	2013
村代码：	
省：	
县市：	
乡镇：	
村：	

填表人：	
日期：	
回答者姓名（身份证号）：	
回答者电话号码：	
回答者手机：	
查表人：	

A. 村社会经济情况表

		单位/编码	2012
	一、基本情况		
A01	你们行政村的总面积?	亩	
A02	有多少自然村?	个	
A03	总户数	户	
A04	总人口	人	
A05	其中：汉族人口占多少比例?	%	
A06	从你们村出去的人，几人在本乡镇或县政府工作?	人	
A07	多少人在县级以上政府中工作?	人	
A08	过去十年你们村出了几个大学生?	人	
A09	过去十年你们村举家外迁的有多少户?	户	
A10	其中：有多少人的户口还在村里?	户	
A11	这些人的土地是否收回?	1 = 是；0 = 否	
A12	相隔最近的两个村民小组之间的距离	公里	
A13	村委会离最近的省道或一级路的距离?	公里	
A14	村委会到乡镇政府的距离	公里	
A15	村委会到县政府的距离	公里	
	二、土地情况		
A16	耕地总面积	亩	
A17	其中2：平原面积占耕地总面积的比例	%	
A18	坡地面积（15°以上）占耕地比例	%	
A19	其中3：有效灌溉面积	亩	
A20	其中4：农作物播种面积	亩	
A21	其中5：园地面积（果园、茶园、桑园等）	亩	
A22	其中6：机动地面积	亩	
A23	村里机动地多少被承包出去?	%	
A24	承包给谁了?	1 = 本村村民；2 = 外村村民；3 = 外地人；4 = 公司	
A25	每亩承包费平均多少钱?	元	

续表

		单位/编码	2012
A26	做什么用途？ 1 = 种粮食；2 = 种经济作物；3 = 搞养殖业；4 = 开厂子或盖房子等；5 = 其他（注明）		
A27	林地面积（包括退耕还林）	亩	
A28	草地面积（包括退耕还草）	亩	
A29	水面面积（包括鱼塘）	亩	

C：农户的土地使用决策权情况

	问题	单位	2012 年
C1	第二轮土地承包哪一年开始的？	年	
C2	第二轮土地承包开展以来你们村共调整过几次土地？	次	
C3	其中：大调整多少次？	次	
C4	小调整多少次？	次	
C5	你们村现在土地承包，是否签订了书面承包合同？	1 = 是；0 = 否	
C6	农户有权决定种植什么作物吗？	1. 可以自行决定	
C7	农户有权将土地转给本村的其他村民吗？	2. 可以，但必须征得村里同意	
C8	农户有权将土地转给外村的村民吗？	3. 不可以，村里说了算	
C9	如果村里要进行土地大调整，是否需要乡里批准？	1 = 是；0 = 否	
C10	村里如果农户家出嫁了女儿，地要收回吗？	1 = 是；0 = 否	
C11	村里如果农户家娶了媳妇，会给地吗？	1 = 是；0 = 否	
C12	村里如果农户家生了小孩，会给地吗？	1 = 是；0 = 否	
C13	如果有人去世，他的地是否会被收回？	1 = 是；0 = 否	
C14	如果村里有人获得城镇户口，他的地是否会被收回？	1 = 是；0 = 否	
C15	如果村里有人户口迁出后又迁回本村，他还能分到地吗？	1 = 是；0 = 否	
C16	你们这里要申请宅基地是否必须先通过村里批准？	1 = 是；0 = 否	
C17	你们这里农民的房子能够申请房产证吗？	1 = 能；0 = 不能	
C18	谁发放房产证？	1 = 村委会；2 = 乡镇政府； 3 = 县房产局；4 = 其他说明	
C19	有多少家有房产证？	户	
C20	村民是否能用房产证抵押贷款？	1 = 能；0 = 不能	

	问题	单位	2012 年
C21	房价是否上涨?	1 = 是;0 = 否	
C22	如果上涨了,平均房价上涨幅度是多少?	1 = 小于20% 2 = 20% ~60% 3 = 60% ~100% 4 = 100% ~150% 5 = 150% ~200% 6 = 200%以上	
C23	有多少家有土地经营权证?	户	
C24	你们村土地经营权能否抵押?	1 = 能;0 = 不能	
C25	村民能否把耕地改成林地或鱼塘?	1 = 能;0 = 不能	
C26	如果能改,需不需要跟村集体打招呼?	1 = 一定要 0 = 不需要	
C27	乡镇政府或者村干部会管农户的农业生产决策吗?	1 = 完全不管;2 = 采取行政措施严格管理;3 = 倡导宣传,不直接干预;4 = 大力号召、推广农业多样化经营和农业产业化;5 = 其他	
C28	乡镇以上政府是否管农户之间的耕地流转?	1 = 一般不管;2 = 流转通常需要经过政府的公证,且要缴纳一定费用;3 = 如果是大面积流转,政府才会介入;4 = 其他	
C29	村集体是否管农户之间的耕地流转?	1 = 一般不管;2 = 流转通常需要经过政府的公证,且要缴纳一定费用;3 = 如果是大面积流转,政府才会介入;4 = 其他	
C30	政府对于本村农户建房的控制管理严吗?	1 = 对于建房和房屋翻建均严格管理;2 = 仅仅对于新建房需要严格管理;3 = 都没有严格管理	
C31	全村总共流转土地面积	亩	
C32	其中:水田流转面积	亩	
C33	水田每亩流转价格	元/亩	

续表

	问题	单位	2012 年
C34	其中：旱地面积	亩	
C35	旱地每亩流转价格	元/亩	
C36	全村参与土地流转户数	户	
C37	其中：转出土地户数	户	
C38	其中：转入土地户数	户	
C39	全村一共有多少种植大户（耕地面积超过 50 亩）？	户	
C40	其中：耕地面积 50 ~ 100 亩户数	户	
C41	其中：耕地面积 100 ~ 300 亩户数	户	
C42	其中：耕地面积 300 ~ 500 亩户数	户	
C43	其中：耕地面积超过 500 亩户数	户	
C44	全村种植大户的耕地总面积	亩	

D. 征（占）地情况

1. 2008 年以来行政村或村民小组被征（占）用过土地吗？_____。
1 = 有，2 = 没有 >> 下表

		单位	第一次征（占）地	第二次征（占）地	第三次征（占）地	第四次征（占）地
D1	征（占）地年份	年				
D2	征（占）类型	1 = 征地 >>5，2 = 占地				
D3	占地期限共几年	年				
D4	征（占）地数量	亩				
D5	所征（占）土地类型	1 = 耕地，2 = 园地，3 = 林地，4 = 荒山，5 = 其他（说明）				
D6	哪一级部门征（占）地	1 = 小组或村，2 = 乡，3 = 县，4 = 县以上政府，5 = 其他（请说明）				
D7	征（占）地用途	1 = 修路和桥（铁路和公路），2 = 建公益事业，3 = 企业用地，4 = 建开发区，5 = 宅基地，6 = 其他（说明）				
D8	影响到几个农户？	户				

		单位	第一次征（占）地	第二次征（占）地	第三次征（占）地	第四次征（占）地
D9	每亩收到多少补偿款？	万元/亩				
D10	其中：农户得到多少补偿款？	万元/亩				
D11	村集体得到多少补偿款？	万元/亩				
D12	补偿款的支付方式	1＝一次性支付，2＝转成养老保险，3＝一年一付；4＝其他（请说明）				

附录Ⅳ　农户调查问卷（节选）

农户代码：＿＿＿＿＿＿

中科院"三农"调研问卷

省：＿＿＿＿＿＿＿＿＿

县：＿＿＿＿＿＿＿＿＿

乡：＿＿＿＿＿＿＿＿＿

村：＿＿＿＿＿＿＿＿＿

小组：＿＿＿＿＿＿＿＿

被访问人姓名：＿＿＿＿＿＿＿＿

被访人编号（pid）＿＿＿＿＿＿＿＿

电话号码：＿＿＿＿＿＿＿＿

手机号码：＿＿＿＿＿＿＿＿

调查员姓名：＿＿＿＿＿＿＿＿

调查日期：＿＿＿＿＿＿＿＿

调查员手机：＿＿＿＿＿＿＿＿

查表人员姓名：＿＿＿＿＿＿＿＿

A. 家庭人口基本情况

A1. 您家现在有几口人？_____人？　　AA1. 谁是家庭农业生产决策者？_____（PID）

家庭成员编码 pid（代码一）	与户主的关系	性别 1=男 0=女	出生年份 年	户口类型 1=农业 2=非农业 3=集体户口 4=没户口	结婚了没有？1=是 0=否	哪年结的婚？年	受教育年限 年	是否接受过专门的非农技术培训？0=否 1=职业技能培训 2=其他	是否当过或正在当村干部？1=是 0=否	是否是党员？1=是 0=否	是否在校大学生或者参军？1=是≥跳 问下行 0=否	工作现状 今年下地干农活吗？1=是 0=否	现在干不干农活？1=是 0=否≥跳 同A17	是否每周都回家？[家指农村老家] 1=是 0=否	农忙季节是否专门回家干家务活？1=是 0=否	以前有没有干过非农工作？（无非农经历不问）1=是 0=否	非农就业前是否参加职业技能培训？1=是 0=否	若参加过，该培训的费用由谁支付？1=政府；2=自己；3=企业；4=其他
A2		A3	A4	A5	A6	A7	A8	A9	A10	A11	A12	A13	A14	A15	A16	A17	A18	A19

代码一：1=户主；2=配偶；3=儿子；4=女儿；5=孙辈；6=父母；7=兄弟姐妹；8=女婿、儿媳、姐夫、嫂子；9=公婆、岳父母；10=亲戚；11=其他。

1. 家庭成员界定：户主和其配偶以及2012年所有在家居住3个月以上的家庭成员（包括已出嫁或户主所有未分家的），以及户主所有未再居住9个月以上的子女。非农工作指从事农、林、牧、渔业外，并且就业时间超过1个月的，有经营收入的工作，包括家庭经营副业。

2. 非农工作指从事农、林、牧、渔业以外，并且就业时间超过1个月的，有经营收入的工作，包括家庭经营副业。

3. 家庭成员中在校大学生及以上、在外参军在该表中登记，但此后的所有调查该表不再访问他们的信息。

B.1996 年出生之前（16 岁以上）有非农工作经历的家庭人员非农工作就业史

家庭成员编码 pid	内容 B1	最早非农年份 B2	2003 年 B3	2004 年 B4	2005 年 B5	2006 年 B6	2007 年 B7	2008 年 B8	2009 年 B9	2010 年 B10	2011 年 B11	2012 年 B12
1	非农工作时间（月）											
2	如果有非农，是否自营（1＝是；0＝否）											
3	从事行业（代码三）											
4	从事工种（自营者不用问）（代码四）											
5	月平均收入（元）											
6	工作地点（代码二）											
7	配偶是否随同（9＝没结婚 1＝是；0＝否）											
8	小孩是否随同（9＝没小孩 1＝是；0＝否）											

代码二：1＝本村；2＝本乡他村；3＝本县他乡；4＝本省他县；5＝外省；6＝国外。

代码三：0＝政府公务员或事业单位；1A＝种植业；1B＝林业；1C＝畜牧业；1D＝副业；1E＝渔业；2＝采掘业；3＝制造业；4＝电力，煤气及水的生产和供应业；5＝建筑业；6＝交通运输，仓储及邮电通信业；7＝批发和零售贸易，餐饮业；8＝金融，保险业；9＝房地产业；10＝社会服务业；11＝其他行业。

代码四：1＝单位管理层；2＝专业技术人员；3＝设备操作人员或一线生产员工；4＝办公室文员或办事人员；5＝三产服务人员；6＝车间或生产线管理；7＝其他。

E1. 地块特征与种植制度（2012 年底经营的土地相关情况）

地块状态	地块编码	地块文字描述（例：东南 1.5 里）	这块地面积有多大？	这块地是怎么来的？	何时发生的？	这块地是否有相应的使用凭证？	使用该地时就有的吗？	这块地离你家有多远？	这块地离最近的水泥硬化的乡级道路有多远？	从家开农用车到这块地需要多少时间？	这块地离乡镇政府有多远？	这块地是否能灌溉？	这块地的土壤类型	这块地的土地质量	这块地的土地坡度？	这块地种什么谁决定？
	lid		E1 亩	E2 代码一	E3 年	E4 1=是 0=否	E5 1=是 0=否	E6 里	E7 里	E8 分钟	E9 里	E10 1=是 0=否	E11 1=沙土 2=壤土 3=黏土 4=其他	E12 1=好 2=中 3=差	E13 1=平地 2=坡地 3=连地 4=其他	E14 1=响应政府宣传；2=农户个人；3=农户自己决定，但与其他农户协商；4=其他注明
A																
A																
A																
A																

代码一：种的地块：1＝从村里分到的地（包括包产到户和后来土地调整）；2＝换（兑）地；3＝曾转出，现收回的地；4＝从其他农户转入的地；5＝从村承包的地；6＝开荒地；7＝其他（请注明）。

E2. 地块投资情况（转出地不用记录相关信息）：接上表

地块状态	地块编码	接手这块地时的灌溉条件如何？ 1=好 2=一般 3=差	接手这块地时的土壤肥力如何？ 1=好 2=一般 3=差	接手这块地时的土地平整度如何？ 1=好 2=一般 3=差	2003~2012年是否对地块进行投资？ 1=是 0=否 ≥下一行	投资项目是什么？ 1=修水渠 2=挖塘 3=打井 4=修梯田 5=平整土地 6=改变用途 7=其他	谁投资的？ 1=小组 2=村 3=乡镇 4=县及以上 5=个人 6=其他	自己投资多少钱？ 元	是否有补贴？ 1=是 0=否	如有，补贴来源 1=小组 2=村 3=乡镇 4=县及以上 5=个人 6=其他	补贴方式 1=现金 2=实物 3=其他	补贴金额 元	自己工 工日	换帮工 工日
	lid	E30	E31	E32	E33	E34	E35	E36	E37	E38	E39	E40	E41	E41
E2X	A													
	A													
	A													
	A													

F1. 现在种的地块的产权安排内容（针对现在种种的地的情况）

地块编码	1. 分到的地						2. 换（兑）入的地												
	该地承包期限还剩多少年？	该地如果有土地使用凭证，其上有关于土地的什么信息？	该地打算转出去吗？	如果不是，为什么？（可多选）	如果是，为什么？（可多选）	该地可能被征用吗？	从哪里换入的地？	换入的地是否与你家的地连着？	换出去的地块是否与家地连着？	怎么知道人家想换地的？	是你主动找他的该的吗？	需要补偿吗？	是你补给别人吗？	怎么补？	补偿多少？	是否要到村委会办手续？	具体办什么手续？	签书面协议吗？	换兑期限有多久？
	年	说明	1=是 0=否	代码八C	代码八D	1=是 0=否	代码一A	1=是 0=否	1=是 0=否	代码三	1=是 0=否	1=是 0=否 ≥F18	1=是 0=否	1=现金 2=实物 3=其他	元/亩（斤/亩）	1=是 0=否	说明	1=是 0=否	年
lid	F1	F2	F3	F4	F5	F6	F7	F8	F9	F10	F11	F12	F13	F14	F15	F16	F17	F18	F18

代码三：1=找村干部了解到；2=本村农户；3=从其他村民处了解到；4=自己主动找到；5=其他村民告诉的；6=该村民主动找我的；7=其他说明。

代码一A：1=本村农户；2=本村集体；3=外村农户；4=外村集体；5=公司或企业；6=其他。

代码一B：1=本村农户；2=本村集体；3=外村农户；4=外村集体；5=农业合作社；6=公司或企业；7=其他注明。

代码八C：1=种植粮食；2=种植经济作物（注明经济作物类型）；3=种植蔬菜；4=种植瓜果；5=种植瓜果；6=发展林业；7=其他。

代码八C：1=家里劳动力充足；2=怕转出后，拿不到补贴；3=有可能获得征地补偿；4=租金太低；5=怕收不回来；6=担心土地质量下降；其他____。

代码八D：1=主要从事非农工作，没时间种；2=自家种农业产量低，不划算；3=种地风险大，收入不稳定；4=打算以后在城里定居；5=其他____。

F2－1. 现在种的地块的产权安排内容（针对现在种的地的情况）（1/2）：

3. 曾转出，现收回的地

地块编码	何时转给别人种的？	为什么把地转给别人种？	谁转包了这块地？	该户转入该地的用途？	转包这块地农户有多少地？	他家里有儿口人？	他家有几个劳动力？	他家户主从事非农就业吗？	他家有儿个人从事非农就业？	是否与他家的地连着？	怎么知道人家想转入地的？	是你主动找他谈的吗？
	年	代码八 D	代码一 B	代码一 C	亩	人	人	1＝是 0＝否	1＝是 0＝否	1＝是 0＝否	代码三	1＝是 0＝否
lid	F19	F20	F21	F22	F23	F24	F25	F26	F27	F28	F29	F30

代码三：1＝找村干部了解到；2＝村干部主动找我的；3＝从其他村民处了解到；4＝自己主动找到他的；5＝其他村民告诉的；6＝该村民主动找我的；7＝其他。

代码一 B：1＝本村农户；2＝本村集体；3＝外村农户；4＝外村集体；5＝农业合作社；6＝公司或企业；7＝其他。

代码一 C：1＝种植粮食；2＝种植经济作物（注明经济作物类型）；3＝种植蔬菜；4＝种植瓜果；5＝发展林业；6＝发展旅游观光；7＝其他。

代码八 D：1＝主要从事非农工作，没时间种；2＝自家种农业产量低，不划算；3＝种地风险大，收入不稳定；4＝打算以后在城里定居；5＝其他。7＝其他说明。

他_____。

F2－2. 现在种的地块的产权安排内容（针对现在种种的地的情况）（2/2）：

3. 曾转出，现收回的地

地块编码	租金形式是？ 1=现金 2=实物（注明） 3=其他	如果是实物，补偿多少？ 斤/亩	如果现金，今年租金多少？ 元/亩	租金如何定价？ 1=承包期内固定； 2=隔几年定一次； 3=一年一定； 4=其他	若租金一年一付，过去三年内每年价格提高多少？（元）	租金如何支付？ 1=一次性付清； 2=交部分定金； 3=其他	租金什么时候付的？ 1=年初； 2=年末	是否要到村委会办手续？ 1=是 0=否	具体办什么手续？ 说明	签书面协议吗？ 1=是 0=否	转让期多长？ 年	这块地收回时期？ 1=提前 2=按时 3=滞后	为什么？ 请说明
lid	F31	F32	F33	F34	F35	F36	F37	F38	F39	F40	F41	F42	F43

F3－1. 现在种的地块的产权安排内容（1/2）：

4. 从其他农户或从村集体转入的地

如果从其他农户或村集体转入，则回答以下问题

地块编码	何时转入的？	从哪里转入的？	转入这块地的当前用途？	为什么要转入土地种？（可多选）	是否与家里地连着？	该农户家有多少地？	他家里有几口人？	他家有几个劳动力？	他家户主从事非农就业吗？	他家有几个人从事非农业？	怎么知道他家想转出地的？	是你主动找他谈的吗？	转入地时是否要到村委会办手续？
		代码一A	代码一C	代码八B	1=是 0=否	亩	人	人	1=是 0=否	人	代码三	1=是 0=否	1=是 0=否
lid	year	F44	F45	F46	F47	F48	F49	F50	F51	F52	F53	F54	F55

代码三：1=找村干部了解到；2=村干部主动找我的；3=从其他村民处了解到；4=自己主动找他的；5=其他村民告诉的；6=该村民主动找我的；7=其他说明。

代码八B：1=自家有足够劳动力经营更多的土地；2=家里有农业机械利于扩大种植规模；3=村里或者政府有鼓励种粮大户政策；4=租种地可以得到更多的农业补贴；5=已掌握或学习了相关技术。

代码一A：1=本村农户；2=本村集体；3=外村农户；4=外村集体；5=公司或企业；6=其他。

代码一C：1=种植粮食；2=种植经济作物（注明经济作物类型）；3=种植蔬菜；4=种植瓜果；5=发展林业；6=发展旅游观光；7=其他。

F3－2. 现在种的地块的产权安排内容（2/2）：

4. 从其他农户或从村集体转入的地

地块编码	签书面协议吗？	转包期多长？	你理想的转入期限多长？	土地转入期间的补贴归谁拿？	是否签订协议说明转入期间如果土地被征用的处置方式？	租金形式是？	如果是实物，补偿多少？	如果现金，今年租金多少？	租金如何定价？	若现金，且一年一付，过去三年内每年价格提高多少？	租金如何支付？	租金什么时候付的？	该地块到期后还想继续转入吗？	如果还想继续转入，为什么？	如果不想继续转入，为什么？
	1=是 0=否	年	年	1=转入方 2=转出方	1=是 0=否	1=现金 2=实物（注明） 3=其他	斤/亩	元/亩	1=承包期内固定；2=隔几年定一次；3=一年一定；4=其他	无	1=一次性付清；2=交定金分定金；3=一年一付；4=其他	1=1~3月 2=4~6月 3=7~9月 4=10~12月	1=是 0=否	代码人 A	代码人 B
lid	F56	F57	F58	F59	F60	F61	F62	F63	F64	F65	F66	F67	F68	F69	F70

代码人 A：1＝自家有足够劳动力经营更多的土地；2＝家里有农业机械利于扩大种植规模；3＝村里或者政府有鼓励种粮大户政策；4＝租种地可以得到更多的农业补贴；5＝已掌握或学习了相关技术；6＝其他。

代码人 B：1＝务农收益低；2＝流转不到土地；3＝不知道从哪里转地；4＝家里劳动力不足；5＝租金高；6＝其他。

E3. 2003~2012年不再经营的（失去或转出）地的相关情况

地块状态	地块编码	地块文字描述（例：东南1.5里）	这块地面积有多大？	这块地是怎么减少的？	何时发生的？	这块地是否有相应的使用凭证？	使用该地时就有的吗？	这块地离你家有多远？	这块地离最近的水泥硬化的乡级道路有多远？	从家开农用车到这块地需要多少时间？	这块地离乡镇政府有多远？	这块地是否能灌溉？	这块地的土壤类型？	这块地的土地质量？	这块地的土地坡度？	这块地种什么谁决定？
			亩	代码一	年	1=是 0=否	1=是 0=否	里	里	分钟	里	1=是 0=否	1=沙土 2=壤土 3=黏土 4=其他	1=好 2=中 3=差	1=平地 2=坡地 3=洼地 4=其他	1=响应政府宣传；2=农户个人；3=农户自己决定，但会与其他农户协商；4=其他注明
	lid	E42	E43	E44	E45	E46	E47	E48	E49	E50	E51	E52	E53	E54	E55	E56
B																
B																
B																

代码一（转出或失去地）：2=转给其他农户种了；2A=转给公司或企业种了；2B=转给农业合作社种了；3=曾转入经营后又交回了；4=交回从村里分的地；5=被征了；6=被占了；7=转给村集体的地；8=其他（请注明）。

F4－1. 转出地块产权安排内容（本表登记2003～2012年曾经营但现在又转出的地块）

2. 曾经营但目前转给了其他农户或村集体种的地

地块编码	何时转出的？	为什么要转给其他农户或村集体？（可多选）	农户或村集体转入这块地的用途？	是否与他家的地连着？	如果转给其他农户，则请回答以下问题						怎么知道人家想转入地的？	是你主动找他的吗？
					转入这块地的农户是谁？	该农户家有多少地？	对方家里有几口人？	对方家里有几个劳动力？	他家户主从事非农就业吗？	他家有几个人从事非农就业？		
lid	year	代码人D	代码—C	1＝是 0＝否	代码—A	亩	人	人	1＝是 0＝否	人	代码三	1＝是 0＝否
		F71	F72	F73	F74	F75	F76	F77	F78	F79	F80	F81

代码三：1＝找村干部了解到；2＝村干部主动找我的；3＝从其他村民处了解到；4＝自己主动找到他的；5＝其他村民告诉我的；6＝该村民主动找我的；7＝其他请注明。

代码—A：1＝本村农户；2＝本村集体；3＝外村农户；4＝外村集体；5＝公司或企业；6＝其他。

代码人D：1＝主要从事非农工作；2＝自家种农业产量低，不划算；3＝种地风险大，收入不稳定；4＝打算以后在城里定居；5＝其他。

代码—C：1＝种植粮食；2＝种植经济作物（注明经济作物类型）；3＝种植蔬菜；4＝种植瓜果；5＝发展林业；6＝发展旅游观光；7＝反租倒包；8＝其他（请说明）。

F4－2. 地块产权安排内容

2. 曾经营但目前转给其他农户或村集体种的地

地块编码	转出地时是否要到村委会办手续？	具体办什么手续？	签书面协议吗？	转包期多长？	你理想的转出期限多长？	土地转出期间的补贴拿谁？	是否签订协议说明转出期间如果土地被征用的处置方式？	租金形式是？	如果是实物，补偿多少？	如果现金，今年租金多少？	租金如何定价？	若现金，目租金一年一付，过去三年内每年价格提高多少？	租金如何支付？	租金什么时候付的？	该地块到期后还想继续转出吗？	为什么？
	1＝是 0＝否	说明	1＝是 0＝否	年	年	1＝转入方 2＝转出方	1＝是 0＝否	1＝现金 2＝实物（注明） 3＝其他	斤/亩	元/亩	1＝承包期内固定；2＝隔几年定一次；3＝一年一定；4＝其他	内每年价格提高多少？	1＝一次性付清；2＝交定金分定金；3＝一年一付；4＝其他	1＝1～3月；2＝4～6月；3＝7～9月；4＝10～12月	1＝是 0＝否	文字说明
lid	F82	F83	F84	F85	F86	F87	F88	F89	F90	F91	F92	F93	F94	F95	F96	F97

F5－1. 地块产权安排内容

2A. 曾经营但目前已转给公司、企业或其他经济组织种的地（包括农业合作社）

地块编码 lid	为什么要转给公司或合作社? 代码八D	企业转入这块地的用途? 代码一C	该公司的位置? 位置代码	该公司共承包了多少亩地? 亩	未转出土地前你家亲戚有在该公司工作的吗? 1＝有 0＝没有	家中有几个家庭成员为该公司服务? 人	怎么知道该公司想转入地的? 代码三	转出地时是否要到村委会办手续? 1＝是 0＝否	具体办什么手续? 说明	和谁签面协议? 0＝不签协议; 1＝和村集体签协议; 2＝和公司签协议; 4＝其他	转出期多长时间? 年	你理想的转出期限多长时间? 年
	F98	F99	F100	F101	F102	F103	F104	F105	F106	F107	F108	F109

代码三: 1＝找村干部了解到; 2＝村干部主动找我的; 3＝从其他村民处了解到; 4＝自己主动找到他的; 5＝其他村民告诉的; 6＝该村民主动找我的; 7＝其他。

代码一C: 1＝种植粮食; 2＝种植经济作物（注明经济作物类型）; 3＝种植蔬菜; 4＝种植瓜果; 5＝发展林业; 6＝发展旅游观光; 7＝其他。

代码八D: 1＝主要从事非农工作; 2＝自家种农业，没时间种; 3＝自家种农业产量低，不划算; 3＝种地风险大，收入不稳定; 4＝打算以后在城里定居; 5＝其他。

位置代码: 1＝本村; 2＝本乡他村; 3＝本县他乡; 4＝本县他乡; 5＝外省; 6＝国外。

续表

F5－2. 地块产权安排内容

2A. 曾经营但目前已转给公司、企业或其他经济组织种的地（包括农业合作社）

地块编码	土地转出同的补贴给谁拿？	是否签订协议说明转人期同如果土地被征用的处置方式？	租金形式是？	如果是实物，补偿多少？	如果现金，今年租金多少？	租金如何定价？	若现金、租金一年一付，过去三年内每年价格提高多少？	租金如何支付？	租金什么时候付的？	该地块到期后还想继续转出吗？	为什么？
	1＝转入方 2＝转出方	1＝是 0＝否	1＝现金 2＝实物（注明） 3＝其他	斤/亩	元/亩	1＝承包期内固定； 2＝隔几年定一次； 3＝一年一定； 4＝其他	元	1＝一次性付清； 2＝交部分定金； 3＝一年一付； 4＝其他	1＝1～3月 2＝4～6月 3＝7～9月 4＝10～12月	1＝是 0＝否	文字说明
lid	F110	F111	F112	F113	F114	F115	F116	F117	F118	F119	F120

F6－1. 地块产权安排内容

3. 曾转入经营现在又交回的地

地块编码	哪一年转入 哪一年交回	为什么要交回土地？（可多选）	当时转入的这块地的用途？	转入地是否与自家地连着？	转出这块地的农户是谁？	那个农户家有多少地？	他家里有几口人？	他家有几个劳动力？	他家户主从事非农就业吗？	他家有几个人从事非农就业？	怎么知道人家想转出地的？	是你主动找他谈的吗？	转入地时是否要到村委会办手续？	具体办什么手续？	签书面协议吗？
				1＝是 0＝否		亩	人	人	1＝是 0＝否	人		1＝是 0＝否	1＝是 0＝否	说明	1＝是 0＝否
lid		代码八B	代码一C		代码一A						代码三				
		F121	F122	F123	F124	F125	F126	F127	F128	F129	F130	F131	F132	F133	F134
	year1														
	year2														

代码八B：1＝务农收益低；2＝流转不到土地；3＝不知道从哪里转地；4＝家里劳动力不足；5＝租金高；6＝其他。

代码三：1＝找村干部了解的；2＝村干部主动找我的；3＝从其他村民处了解到的；4＝自己主动找到他的；5＝其他村民告诉我的；6＝该村民主动找我的；7＝其他。

代码一A：1＝本村农户；2＝本村集体；3＝外村农户；4＝外村集体；5＝公司或企业；6＝其他。

代码一C：1＝种植粮食；2＝种植经济作物（注明经济作物类型）；3＝种植蔬菜；4＝种植瓜果；5＝发展林业；6＝发展旅游观光；7＝其他。

续表

F6-2. 地块产权安排内容

3. 曾转入经营现在又交回的地

地块编码 lid	你想的转入期限多长?（年）	土地转入期间的补贴谁拿？（1=转入方 2=转出方）	是否签订协议说明转入期间如果土地被征用的处置方式？（1=是 0=否）	租金形式是什么？（1=现金 2=实物（注明） 3=其他）	如果是实物，折偿多少？（斤/亩）	如果现金，今年租金多少？（元/亩）	租金如何定价？（1=承包期内固定 2=隔几年定一次 3=一年一定 4=其他）	若现金，租金一年一付，过去三年内，每年价格提高多少？（元）	租金如何支付？（1=一次性付清 2=交部分定金 3=一年一付 4=其他）	租金什么时候付的？（1=1~3月 2=4~6月 3=7~9月 4=10~12月）	该地块到期后还想继续转入吗？（1=是 0=否）	如果想，为什么？（代码八B）	如果不想，为什么？（代码八A）
	F135	F136	F137	F138	F139	F140	F141	F142	F143	F144	F145	F146	F147

代码八A：1＝自家有足够劳动力经营更多的土地；2＝家里有农业机械利于扩大种植规模；3＝村里或者政府有鼓励种粮大户政策；4＝租种地可以得到更多的农业补贴；5＝已掌握或学习了相关技术。

代码八B：1＝务农收益低；2＝流转不到土地；3＝不知道从哪里转地；4＝家里劳动力不足；5＝租金高；6＝其他。

H0. 2013 年 ＿＿＿ 生产投入产出情况表（1＝小麦；2＝玉米；3＝水稻）

lid		H1	H2	H3	H4	H5	H6	H7	农药支出（元）			打药用工（小时数）	
									H8	H9	H10	H11	H12
地块编号		该地块的种子用量	种子价格	种子品牌	产量有多少？	是否受灾？	受灾减产多少？	农膜费	防治病虫害	除草剂	生长调节剂	自己用工	雇工
		斤	元/斤	（说明）	斤	1＝是 0＝否	％	元					

lid		H13	H14	H15	H16	H17	H18	H19	H20	H21	H22	H23	H24	H25	H26
		耕地							播种						
地块编号		自有机械费用（柴油电费等）（元）		购买机械服务费用（元）		购买机械服务来源（代码一）	自投人工（小时数）	雇工人工（小时数）	自有机械费用（柴油电费等）（元）		购买机械服务费用（元）		购买机械服务来源	自投人工	雇工人工
		小时	元	小时	元				小时	元	小时	元			

lid		H27	H28	H29	H30	H31	H32	H33	H34	H35	H36	H37	H38	H39	H40
		田间管理							灌溉						
地块编号		自有机械费用（柴油电费等）		购买机械服务费用		购买机械服务来源	自投人工	雇工人工	自有机械费用		购买机械服务费用		购买机械服务来源	自投人工	雇工人工
		小时	元	小时	元				小时	元	小时	元			

续表

lid	H41	H42	H43	H44	H45	H46	H47	H48	H49	H50	H51	H52	H53	H54	H55	H56
	收获							晾晒							雇工平均工价	其他支出
	自有机械费用		购买机械服务费用			自投人工	雇工人工	自有机械费用		购买机械服务费用			自投人工	雇工人工		
	小时	元	小时	元	来源	人工	人工	小时	元	小时	元	来源	人工	人工	元/小时	元
地块编号																

注：①收获包括运回家、处理秸秆、脱粒等过程；②田间管理包括间苗、拔草等活动；③晾晒根据劳动时间折成的标准小时数计；④其他支出包括饭费等其他与生产无关的费用；⑤如果施肥中打药和施肥活动与其他活动分不开，则按照项数均分。

代码一：1＝本村其他农户；2＝本县外村农户；3＝村集体统一经营；4＝农机专业合作社；5＝本乡镇社会化服务公司；6＝本县外乡社会化服务公司；7＝外县社会化服务公司；8＝其他，请说明。

J-1.（H 表作物）施肥情况

lid	J1	J2	J3	J4	J5	J6	J7	J8	J9	J10	J11	J12	J13	J14	J15	J16	J17	J18	J19	J20	J21
					第一次施肥情况																
					化肥 1						化肥 2						有机肥 1				
地块编号（匹配 D1）	共施了几次化肥	劳动力投入（所有劳动力天数加总）	雇工时间	雇工费用	化肥名称为	如果是复合肥，袋面标识 NPK 比例是多少？ N	P	K	施用量	支出多少	化肥名称为	如果是复合肥，袋面标识 NPK 比例是多少？ N	P	K	施用量	支出多少	名称为	干的还是湿的的？	来源	施用量	支出多少
	次	小时	小时	元	代码 1	%	%	%	斤	元	代码 1	%	%	%	斤	元	代码 2	1 = 干 2 = 湿	代码 3	斤	元

代码 1 【化肥名称】1 = 尿素；2 = 碳酸氢铵；3 = 硫酸铵；4 = 过磷酸钙；5 = 钙镁磷肥；6 = 氯化钾；7 = 硫酸钾；8 = 磷酸二铵；9 = 配方肥（特指测土配方施肥）；10 = 其他复合肥；11 = 叶面肥；12 = 其他（请注明）_____。

代码 2 【有机肥名称】1 = 鸡粪；2 = 牛粪；3 = 猪粪；4 = 人类粪便；5 = 猪粪；6 = 商品有机肥；7 = 土杂肥；8 = 其他（请注明）_____。

代码 3 【肥料来源】1 = 自己留存；2 = 农资经销处；3 = 技术推广站；4 = 合作社；5 = 厂家；6 = 其他农户；

第二次施肥情况

lid	J1	J22	J23	J24	化肥1 J25	J26	J27	J28	J29	J30	化肥2 J31	J32	J33	J34	J35	J36	有机肥1 J37	J38	J39	J40	J41
地块编号（匹配D1）	共施了几次化肥	劳动力投入（所有劳动力天数加总）	雇工时间	雇工费用	化肥名称为	如果是复合肥，袋面标识NPK比例是多少？ N	P	K	施用量	支出多少	化肥名称为	如果是复合肥，袋面标识NPK比例是多少？ N	P	K	施用量	支出多少	化肥名称为	干的还是湿的？ 1＝干 2＝湿	来源的？	施用量	支出多少
	次	小时	小时	元	代码1	%	%	%	斤	元	代码1	%	%	%	斤	元	代码2		代码3	斤	元

代码1【化肥名称】1＝尿素；2＝碳酸氢铵；3＝硫酸铵；4＝过磷酸钙；5＝钙镁磷肥；6＝氯化钾；7＝硫酸钾；8＝磷酸二铵；9＝配方肥（特指测土配方施肥）；10＝其他复合肥；11＝叶面肥。

代码2【有机肥名称】1＝鸡粪；2＝牛粪；3＝猪粪；4＝人类粪便；5＝秸秆；6＝商品有机肥；7＝土杂肥；8＝其他（请注明）_____。

代码3【肥料来源】：1＝自己留存；2＝农资经销处；3＝技术推广站；4＝合作社；5＝厂家；6＝其他农户；6＝其他（请注明）_____。

产权稳定性对农地产出的影响：基于流转和投资视角的分析

Z. 家庭收入情况

		收入情况	单位	2012 年	2008 年
ZA1		你们家年收入多少？	万元		
		其中，各部分收入所占比例			
ZA2		种植业收入			
ZA3		畜牧业收入			
ZA4		林业收入			
ZA5		渔业收入	%		
ZA6		自营工商业收入			
ZA7		住家非农（打工或工资性收入）			
ZA8		非住家给的钱			
ZA9		其他收入合计			

风险行为研究

题号	第一种奖金方案	第二种奖金方案	选择的奖金方案
1	20 元如果抽到①	35 元如果抽到①	
	16 元如果抽到②③④⑤⑥⑦⑧⑨⑩	5 元如果抽到②③④⑤⑥⑦⑧⑨⑩	
2	20 元如果抽到①②	35 元如果抽到①②	
	16 元如果抽到③④⑤⑥⑦⑧⑨⑩	5 元如果抽到③④⑤⑥⑦⑧⑨⑩	
3	20 元如果抽到①②③	35 元如果抽到①②③	
	16 元如果抽到④⑤⑥⑦⑧⑨⑩	5 元如果抽到④⑤⑥⑦⑧⑨⑩	
4	20 元如果抽到①②③④	35 元如果抽到①②③④	
	16 元如果抽到⑤⑥⑦⑧⑨⑩	5 元如果抽到⑤⑥⑦⑧⑨⑩	
5	20 元如果抽到①②③④⑤	35 元如果抽到①②③④⑤	
	16 元如果抽到⑥⑦⑧⑨⑩	5 元如果抽到⑥⑦⑧⑨⑩	
6	20 元如果抽到①②③④⑤⑥	35 元如果抽到①②③④⑤⑥	
	16 元如果抽到⑦⑧⑨⑩	5 元如果抽到⑦⑧⑨⑩	
7	20 元如果抽到①②③④⑤⑥⑦	35 元如果抽到①②③④⑤⑥⑦	
	16 元如果抽到⑧⑨⑩	5 元如果抽到⑧⑨⑩	
8	20 元如果抽到①②③④⑤⑥⑦⑧	35 元如果抽到①②③④⑤⑥⑦⑧	
	16 元如果抽到⑨⑩	5 元如果抽到⑨⑩	
9	20 元如果抽到①②③④⑤⑥⑦⑧⑨	35 元如果抽到①②③④⑤⑥⑦⑧⑨	
	16 元如果抽到⑩	5 元如果抽到⑩	
10	20 元如果抽到①②③④⑤⑥⑦⑧⑨⑩	35 元如果抽到①②③④⑤⑥⑦⑧⑨⑩	
	抽中的题号：		

参考文献

［1］ Abdulai A, Owusu V, Goetz R. Land Tenure Differences and Investment in Land Improvement Measures：Theoretical and Empirical Analyses ［J］. Journal of Development Economics, 2011, 96 （1）：66 – 78.

［2］ Alchian A A, Demsetz H. The Property Right Paradigm ［J］. Journal of Economic History, 1973, 33 （1）：16 – 27.

［3］ Ali A D, Dercon S, Gautam M. Property Rights in a Very Poor Country：Tenure Insecurity and Investment in Ethiopia ［J］. Agricultural Economics, 2007, 42 （1）：75 – 86.

［4］ Arnot C D, Luckert M K, Boxall P C. What is Tenure Security？ Conceptual Implications for Empirical Analysis ［J］. Land Economics, 2011, 87 （2）：297 – 311.

［5］ Banerjee A V, Ghatak M. Eviction Threats and Investment Incentives ［J］. Journal of Development Economics, 2004, 74 （2）：469 – 488.

［6］ Barbier E B. Natural Capital and Labor Allocation：Mangrove – dependent Households in Thailand ［J］. The Journal of Environment & Development, 2007, 16 （4）：398 – 431.

［7］ Barrows R, Roth M. Land Tenure and Investment in African Agriculture：Theory and Evidence ［J］. The Journal of Modern African Studies, 1990, 28 （2）：265 – 297.

［8］ Beekman G, Bulte E H. Social Norms, Tenure Security and Soil Conservation：Evidence from Burundi ［J］. Agricultural Systems, 2012, 108 （4）：50 – 63.

［9］ Bell C. Alternative Theories of Sharecropping：Some Tests Using Evidence from Northeast India ［J］. Journal of Development Studies, 1977, 13 （4）：317 – 346.

［10］ Benin S, Ahmed M, Pender J, et al. Development of Land Rental Markets and Agricultural Productivity Growth: The Case of Northern Ethiopia [J]. Journal of African Economies, 2005, 14 (1): 21 –54.

[11] Benjamin D, Brandt L. Land, Factor Markets, and Inequality in Rural China: Historical Evidence [J]. Explorations in Economic History, 1997, 34 (4): 460 –494.

[12] Besley T. Property Rights and Investment Incentives: Theory and Evidence from Ghana [J]. Journal of Political Economy, 1995, 103 (5): 903 –937.

[13] Binswanger H P. Attitudes Toward Risk: Theoretical Implications of an Experiment in Rural India [J]. Economic Journal, 1981, 91 (364): 867 –890.

[14] Birungi P, Hassan R. Poverty, Property Rights and Land Management in Uganda [J]. African Journal of Agricultural and Resource Economics, 2010, 4 (1): 48 –69.

[15] Bouquet E. State – led Land Reform and Local Institutional Change: Land Titles, Land Markets and Tenure Security in Mexican Communities [J]. World Development, 2009, 37 (8): 1390 –1399.

[16] Brandt L, Huang J K, Li G, et al. Land Rights in China: Facts, Fictions, and Issues [J]. China Journal, 2002, 47 (1): 67 –97.

[17] Brasselle A S, Gaspart F, Platteau J P, et al. Land Tenure Security and Investment Incentives: Puzzling Evidence from Burkina Faso [J]. Journal of Development Economics, 2002, 67 (2): 373 –418.

[18] Broegaard R J. Land Tenure Insecurity and Inequality in Nicaragua [J]. Development and Change, 2005, 36 (5): 845 –864.

[19] Carruthers B G, Ariovich L. The Sociology of Property Rights [J]. Annual Review of Sociology, 2004 (30): 23 –46.

[20] Carter M R, Olinto P. Getting Institutions "Right" for Whom? Credit Constraints and the Impact of Property Rights on the Quantity and Composition of Investment [J]. American Journal of Agricultural Economics, 2003, 85 (1): 173 –186.

[21] Carter M R. Yao Y. Market Versus Administrative Reallocation of Agricultural Land in a Period of Rapid Industrialization [R]. Policy Research Working Paper Series 2203, The World Bank, 1999.

[22] Deininger K, Zegarra E, Lavadenz I. Determinants and Impacts of Rural Land Market Activity: Evidence from Nicaragua [J]. World Development, 2003, 31

(8): 1385 – 1404.

[23] Deininger K, Jin S. The Impact of Property Rights on Households' Invest-
ment, Risk Coping, and Policy Preferences: Evidence from China [J]. Economic De-
velopment and Cultural Change, 2003, 51 (4): 851 – 882.

[24] Deininger K, Jin S. The Potential of Land Rental Markets in the Process of
Economic Development: Evidence from China [J]. Journal of Development Econom-
ics, 2005, 78 (1): 241 – 270.

[25] Deininger K, Jin S, Nagarajan H K. Efficiency and Equity Impacts of Rural
Land Rental Restrictions: Evidence from India. European Economic Review [J]. 2008
(52): 892 – 918.

[26] Deininger K, Jin S. Tenure Security and Land – related Investment: Evi-
dence from Ethiopia [J]. European Economic Review, 2006, 50 (5): 1245 – 1277.

[27] Demsetz H. Toward a Theory of Property Rights [J]. American Economic
Review, 1967, 57 (2): 347 – 359.

[28] Domeher D, Abdulai R. Land Registration, Credit and Agricultural Invest-
ment in Africa [J]. Agricultural Finance Review, 2012, 72 (1): 87 – 103.

[29] Dong X Y. Two – tier Land Tenure System and Sustained Economic growth in
Post – 1978 Rural China [J]. World Development, 1996, 24 (96): 915 – 928.

[30] Evansa R, Mariwahb S, Antwib K B. Struggles over Family Land? Tree
Crops, Land and Labour in Ghana's Brong – Ahafo Region [J]. Geoforum, 2015, 67
(12): 24 – 235.

[31] FAO: Good Governance in Land Tenure and Administration. Land Tenure
Studies 7, Rome, Italy, 2004.

[32] Feder G, Feeny D. Land Tenure and Property Rights: Theory and Implica-
tions for Development Policy [J]. World Bank Economic Review, 1991, 5 (1):
135 – 153.

[33] Feder G, Lau L J, Lin J Y, et al. The Determinants of Farm Investment
and Residential Construction in Post – reform China [J]. Economic Development and
Cultural Change, 1992, 41 (1): 1 – 26.

[34] Feder G, Nishio A. The Benefits of Land Registration and Titling: Econom-
ic and Social Perspectives [J]. Land Use Policy, 1998, 15 (1): 25 – 43.

[35] Feng S, Heerink N, Ruben R, et al. Land Rental Market, Off – farm Em-

ployment and Agricultural Production in Southeast China [J]. China Economic Review, 2010, 21 (4): 598 - 606.

[36] Gao L, Huang J, Rozelle S. Rental Markets for Cultivated Land and Agricultural Investments in China [J]. Agricultural Economics, 2012, 43 (4): 391 - 403.

[37] Gao L, Sun D, Huang J. Impact of Land Tenure Policy on Agricultural Investments in China: Evidence from a Panel Data Study [J]. China Economic Review, 2017 (9): 244 - 252.

[38] Gebremedhin B, Swinton S M. Investment in Soil Conservation in Northern Ethiopia: The Role of Land Tenure Security and Public Programs [J]. Agricultural Economics, 2003, 29 (1): 69 - 84.

[39] Goldstein M, Udry C. The Profits of Power: Land Rights and Agricultural Investment in Ghana [J]. Journal of Political Economy, 2008, 116 (6): 981 - 1022.

[40] Gong B. Agricultural Reforms and Production in China: Changes in Provincial Production Function and Productivity in 1978 - 2015 [J]. Journal of Development Economics, 2018, 132 (5): 18 - 31.

[41] Holt C A, Laury S K. Risk Aversion and Incentive Effects [J]. American Economic Review, 2002, 92 (5): 1644 - 1655.

[42] Huang J, Gao L, Rozelle S. The Effect of Off - farm Employment on the Decisions of Households to Rent Out and Rent In Cultivated Land in China [J]. China Agricultural Economic Review, 2012, 4 (1): 5 - 17.

[43] Jacoby H G, Li G, Rozelle S. Hazards of Expropriation: Tenure Insecurity and Investment in Rural China [J]. American Economic Review, 2002, 92 (5): 1420 - 1447.

[44] Jacoby H G, Minten B. Is Land Titling in Sub - Saharan Africa Cost - effective? Evidence from Madagascar [J]. World Bank Economic Review, 2007, 21 (3): 461 - 485.

[45] Jansen K, Roquas E. Modernizing Insecurity: The Land Titling Project in Honduras [J]. Development and Change, 1997, 29 (1): 81 - 106.

[46] Jin S, Deininger K. Land Rental Markets in the Process of Rural Structural Transformation: Productivity and Equity Impacts from China [J]. Journal of Compara-

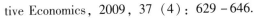

tive Economics, 2009, 37 (4): 629 – 646.

[47] Kabubo – Mariara J. Land Conservation and Tenure Security in Kenya: Boserup's Hypothesis Revisited [J]. Ecological Economics, 2007, 64 (1): 25 – 35.

[48] Kachelmeier S J, Shehata M. Examining Risk Preferences Under High Monetary Incentives: Experimental Evidence from the People's Republic of China [J]. American Economic Review, 1992, 82 (5): 1120 – 1141.

[49] Krusekopf C C. Diversity in Land – tenure Arrangements under the Household Responsibility System in China [J]. China Economic Review, 2002, 13 (2): 297 – 312.

[50] Kung J K. Common Property Rights and Land Reallocations in Rural China: Evidence from a Village Survey [J]. World Development, 2000, 28 (4): 701 – 719.

[51] Kung K S, Cai Y S. Property Rights and Fertilizing Practices in Rural China: Evidence from Northern Jiangsu [J]. Modern China, 2000, 26 (3): 276 – 308.

[52] Kung K S. Off – Farm Labor Markets and the Emergence of Land Rental Markets in Rural China [J]. Journal of Comparative Economics, 2002, 30 (2): 395 – 414.

[53] Lee D R. Agricultural Sustainability and Technology Adoption: Issues and Policies for Developing Countries [J]. American Journal of Agricultural Economics, 2005, 87 (5): 1325 – 1334.

[54] Lerman Z, Shagaida N. Land Policies and Agricultural Land Markets in Russia [J]. Land Use Policy, 2007, 24 (1): 14 – 23.

[55] Ma X, Heerink N, Feng S, et al. Farmland Tenure in China: Comparing Legal, Actual and Perceived Security [J]. Land Use Policy, 2015 (42): 293 – 306.

[56] Ma X, Heerink N, van Ierland E, et al. Land Tenure Security and Land Investments in Northwest China [J]. China Agricultural Economic Review, 2013, 5 (2): 281 – 307.

[57] Macours K, Janvry A D, Sadoulet E. Insecurity of Property Rights and Social Matching in the Tenancy Market [J]. European Economic Review, 2010, 54 (7): 880 – 899.

［58］ Masterson T. Productivity, Technical Efficiency, and Farm Size in Para-guayan Agriculture ［R］. Working Paper No. 490, Annandale – on – Hudson, NY：Bard College, Levy Economics Institute, 2007.

［59］ Place F, Hazell P. Productivity Effects of Indigenous Land Tenure Systems in Sub – Saharan Africa ［J］. American Journal of Agricultural Economics, 1993, 75 （1）：10 – 19.

［60］ Place F, Roth M, Hazell P. Land Tenure Security and Agricultural Per-formance in Africa：Overview of Research Methodology ［J］. Searching for Land Tenure Security in Africa, 1994：15 – 39.

［61］ Popkin, S. L. The Rational Peasant：The Political Economy of Rural Socie-ty in Vietnam ［M］. Berkley：University of California Press, 1979.

［62］ Qin P, Xu J. Forest Land Rights, Tenure Types, and Farmers' Investment Incentives in China：An Empirical Study of Fujian Province ［J］. China Agricultural E-conomic Review, 2013, 5 （1）：154 – 170.

［63］ Sjaastad E, Bromley D W. Indigenous Land Rights in Sub – Saharan Africa：Appropriation, Security and Investment Demand ［J］. World Development, 1997, 25 （4）：549 – 562.

［64］ Taslim M A and Ahmed F U. An Analysis of Land Leasing in Bangladesh Agriculture ［J］. Economic Development and Cultural Change, 1992, 40 （3）：615 – 628.

［65］ Tobin J. Estimation of Relationship for Limited Dependent Variables ［J］. Econometrica, 1958, 26 （1）：24 – 36.

［66］ Van Gelder J L. Feeling and thinking：Quantifying the Relationship between Perceived Tenure Security and Housing Improvement in an Informal Neighbourhood in Buenos Aires ［J］. Habitat International, 2007, 31 （2）：219 – 231.

［67］ Van Gelder J L . Legal Tenure Security, Perceived Tenure Security and Housing Improvement in Buenos Aires：An Attempt towards Integration ［J］. Interna-tional Journal of Urban and Regional Research, 2009, 33 （1）：126 – 146.

［68］ Van Gelder J L. What Tenure Security? The Case for a Tripartite View ［J］. Land Use Policy, 2010, 27 （2）：449 – 456.

［69］ Wang H, Riedinger J, Jin S. Land Documents, Tenure Security and Land Rental Development：Panel Evidence from China ［J］ . China Economic Review,

2015, 36（12）：220 - 235.

［70］Xie Y, Wen Y, Zhang Y, et al. Impact of Property Rights Reform on Household Forest Management Investment：An Empirical Study of Southern China［J］. Forest Policy and Economics, 2013（34）：73 - 78.

［71］Yang D T. China's Land Arrangements and Rural Labor Mobility［J］. China Economic Review, 1997, 8（2）：101 - 115.

［72］Yao Y. The Development of the Land Lease Market in Rural China［J］. Land Economics, 2000, 76（2）：252 - 266.

［73］Yi Y, Köhlin G, Xu J. Property Rights, Tenure Security and Forest Investment Incentives：Evidence from China's Collective Forest Tenure Reform［J］. Environment and Development Economics, 2014, 19（1）：48 - 73.

［74］Zeeuw D, F. Borrowing of Land, Security of Tenure and Sustainable Land Use in Burkina Faso［J］. Development and Change, 1997, 28（3）：583 - 595.

［75］Zhang Y, Wang X, Glauben T, et al. The Impact of Land Reallocation on Technical Efficiency：Evidence from China［J］. Agricultural Economics, 2011, 42（4）：495 - 507.

［76］A. 恰亚诺夫. 农民经济组织［M］. 萧正洪译, 北京：中央编译出版社, 1996.

［77］包宗顺, 徐志明, 高珊, 周春芳. 农村土地流转的区域差异与影响因素——以江苏省为例［J］. 中国农村经济, 2009（4）：23 - 30 + 47.

［78］蔡洁. 我国土地征用中的公共利益相关问题简议［J］. 福建法学, 2005（2）：16 - 19.

［79］曹瓅, 罗剑朝. 农户农地经营权抵押贷款影响因素研究［J］. 财经问题研究, 2017（7）：118 - 123.

［80］陈飞, 翟伟娟. 农户行为视角下农地流转诱因及其福利效应研究［J］. 经济研究, 2015（10）：163 - 177.

［81］陈和午, 聂斌. 农户土地租赁行为分析——基于福建省和黑龙江省的农户调查［J］. 中国农村经济, 2006（2）：42 - 48.

［82］陈江龙, 曲福田, 陈会广等. 土地登记与土地可持续利用——以农地为例［J］. 中国人口·资源与环境, 2003, 13（5）：46 - 51.

［83］陈杰, 苏群. 土地流转、土地生产率与规模经营［J］. 农业技术经济, 2017（1）：28 - 36.

［84］陈浪南，杨子晖．中国政府支出和融资对私人投资挤出效应的经验研究［J］．世界经济，2007（1）：49－59．

［85］陈美球，邓爱珍，周丙娟，肖鹤亮，何维佳．耕地流转中农户行为的影响因素实证研究——基于江西省42个县市64个乡镇74个行政村的抽样调查［J］．中国软科学，2008（7）：6－13．

［86］陈铁，孟令杰．土地调整、地权稳定性与农户长期投资——基于江苏省调查数据的实证分析［J］．农业经济问题，2007（10）：4－11＋110．

［87］陈锡文．长期坚持党的农村基本政策　稳定完善农村土地承包制度［J］．农村合作经济经营管理，2002（12）：6－9．

［88］陈奕山，钟甫宁，纪月清．为什么土地流转中存在零租金？——人情租视角的实证分析［J］．中国农村观察，2017（4）：43－56．

［89］陈振，郭杰，欧名豪．资本下乡过程中农户风险认知对土地转出意愿的影响研究——基于安徽省526份农户调研问卷的实证［J］．南京农业大学学报（社会科学版），2018（2）：129－137＋161－162．

［90］程令国，张晔，刘志彪．农地确权促进了中国农村土地的流转吗？［J］．管理世界，2016（1）：88－98．

［91］崔宝玉，谢煜，徐英婷．土地征用的农户收入效应——基于倾向得分匹配（PSM）的反事实估计［J］．中国人口·资源与环境，2016（2）：111－118．

［92］大不列颠百科全书［M］．北京：中国大百科全书出版社，1999．

［93］大卫·李嘉图．政治经济学与赋税原理［M］．周洁等译，北京：华夏出版社，2013．

［94］道格拉斯·诺思．经济史中的结构与变迁［M］．上海：上海三联出版社，上海人民出版社，1994．

［95］德姆塞茨．关于产权的理论［C］//载罗纳德·H. 科斯等．财产权利与制度变迁：产权学派与新制度学派译文集［M］．刘守英等译，上海：格致出版社，上海三联书店，上海人民出版社，2014．

［96］邓大才．试论农村地产市场发育的障碍及对策［J］．中国软科学，1997（11）：22－29．

［97］定光平，张安录．惠农政策下鄂中南地区农地租赁问题的调查与分析［J］．中国地质大学学报（社会科学版），2008（2）：55－59．

［98］E. G. 菲吕博腾，S. 配杰威齐．产权与经济理论：近期文献的一个综

述［C］//载罗纳德·H. 科斯等. 财产权利与制度变迁：产权学派与新制度学派译文集［M］. 刘守英等译，上海：格致出版社，上海三联书店，上海人民出版社，2014.

［99］方行. 中国封建经济论稿［M］. 北京：商务印书馆，2004.

［100］方鸿. 非农就业对农户农业生产性投资的影响［J］. 云南财经大学学报，2013（1）：77－83.

［101］丰雷，蒋妍，叶剑平. 诱致性制度变迁还是强制性制度变迁？——中国农村土地调整的制度演进及地区差异研究［J］. 经济研究，2013（6）：4－18＋57.

［102］郜亮亮，黄季焜. 不同类型流转农地与农户投资的关系分析［J］. 中国农村经济，2011（4）：9－17.

［103］郜亮亮，黄季焜，冀县卿. 村级流转管制对农地流转的影响及其变迁［J］. 中国农村经济，2014（12）：18－29.

［104］郜亮亮，黄季焜，Rozelle Scott，徐志刚. 中国农地流转市场的发展及其对农户投资的影响［J］. 经济学（季刊），2011（4）：1499－1514.

［105］郜亮亮，冀县卿，黄季焜. 中国农户农地使用权预期对农地长期投资的影响分析［J］. 中国农村经济，2013（11）：24－33.

［106］格林. 计量经济分析［M］. 北京：中国人民大学出版社，2011.

［107］韩菡，钟甫宁. 劳动力流出后"剩余土地"流向对于当地农民收入分配的影响［J］. 中国农村经济，2011（4）：18－25.

［108］何凌云，黄季焜. 土地使用权的稳定性与肥料使用——广东省实证研究［J］. 中国农村观察，2001（5）：42－48＋81.

［109］洪名勇，施国庆. 欠发达地区农地重要性与农地产权：农民的认知——基于贵州省的调查分析［J］. 农业经济问题，2007（5）：35－43＋111.

［110］胡定寰，陈志钢，孙庆珍，多田稔. 合同生产模式对农户收入和食品安全的影响——以山东省苹果产业为例［J］. 中国农村经济，2006（11）：17－24＋41.

［111］胡国平，胡铃. 农地征用中村民代表行为研究——基于博弈分析的视角［J］. 社会科学家，2013（5）：54－57.

［112］胡新艳，陈小知，王梦婷. 农地确权如何影响投资激励［J］. 财贸研究，2017（12）：72－81.

［113］胡新艳，罗必良. 新一轮农地确权与促进流转：粤赣证据［J］. 改

革，2016（4）：85-94.

[114] 黄季焜，冀县卿．农地使用权确权与农户对农地的长期投资 [J]．管理世界，2012（9）：76-81+99+187-188.

[115] 黄季焜，齐亮，陈瑞剑．技术信息知识、风险偏好与农民施用农药 [J]．管理世界，2008（5）：71-76.

[116] 黄季焜．制度变迁和可持续发展：30 年中国农业与农村 [M]．上海：格致出版社，2008.

[117] 黄丽萍．农村土地使用权为何流而不动——分析农村土地使用权流转的外部条件及政策选择 [J]．学术交流，2006（5）：80-82.

[118] 黄宗智．华北的小农经济与社会变迁 [M]．北京：中华书局，2000.

[119] 黄宗智．长江三角洲小农家庭与乡村发展 [M]．北京：中华书局，2000.

[120] 吉登艳，马贤磊，石晓平．土地产权安全对土地投资的影响：一个文献综述 [J]．南京农业大学学报（社会科学版），2014（3）：52-61.

[121] 吉登艳，马贤磊，石晓平．林地产权对农户林地投资行为的影响研究：基于产权完整性与安全性——以江西省遂川县与丰城市为例 [J]．农业经济问题，2015（3）：54-61+111.

[122] 吉登艳，石晓平，仇童伟，马贤磊．林地产权对农户林业经营性收入的影响——以江西省两个县（市）为例 [J]．资源科学，2016（8）：1609-1620.

[123] 冀县卿，钱忠好．中国农业增长的源泉：基于农地产权结构视角的分析 [J]．管理世界，2010（11）：68-75+187-188.

[124] 冀县卿，黄季焜．改革三十年农地使用权演变：国家政策与实际执行的对比分析 [J]．农业经济问题，2013（5）：27-32+110-111.

[125] 江淑斌，苏群．农村劳动力非农就业与土地流转——基于动力视角的研究 [J]．经济经纬，2012（2）：110-114.

[126] 金松青，Klaus Deininger．中国农村土地租赁市场的发展及其在土地使用公平性和效率性上的含义 [J]．经济学（季刊），2004（3）：1003-1028.

[127] 卡尔·波兰尼．大转型：我们时代的政治与经济起源 [M]．杭州：浙江人民出版社，2007.

[128] 柯武刚，史漫飞．制度经济学——社会秩序和公共政策 [M]．北京：商务印书馆，2000.

［129］孔令丞，邵春杰．均分地权条件下的农业规模化经营［J］．农业技术经济，2005（4）：42－46．

［130］匡远配，周凌．农地流转的产业结构效应研究［J］．经济学家，2016（11）：90－96．

［131］L. E. 戴维斯，D. C. 诺思．制度变迁的理论：概念和原因［C］//罗纳德·H. 科斯等．财产权利与制度变迁：产权学派与新制度学派译文集［M］．刘守英等译，上海：格致出版社，上海三联书店，上海人民出版社，2014．

［132］李景刚，高艳梅，臧俊梅．农户风险意识对土地流转决策行为的影响［J］．农业技术经济，2014（11）：21－30．

［133］李孔岳．农地专用性资产与交易的不确定性对农地流转交易费用的影响［J］．管理世界，2009（3）：92－98＋187－188．

［134］李力东．调整或确权：农村土地制度的公平与效率如何实现？——基于山东省L村的调查研究［J］．公共管理学报，2017（1）：117－127＋159．

［135］李明艳，陈利根，石晓平．非农就业与农户土地利用行为实证分析：配置效应、兼业效应与投资效应——基于2005年江西省农户调研数据［J］．农业技术经济，2010（3）：41－51．

［136］李明艳．劳动力转移对区域农地利用效率的影响——基于省级面板数据的计量分析［J］．中国土地科学，2011（1）：62－69．

［137］李宁，何文剑，仇童伟，陈利根．农地产权结构、生产要素效率与农业绩效［J］．管理世界，2017（3）：44－62．

［138］李实．中国农村劳动力流动与收入增长和分配［J］．中国社会科学，1999（2）：16－33．

［139］李涛，郭杰．风险态度与股票投资［J］．经济研究，2009（2）：56－67．

［140］李体欣，朱蕾，伍海涛．地权稳定性与农村金融发展研究［J］．经济问题探索，2011（7）：150－155．

［141］林文声，秦明，王志刚．农地确权颁证与农户农业投资行为［J］．农业技术经济，2017（12）：4－14．

［142］凌鹏．近代华北农村经济商品化与地权分散——以河北保定清苑农村为例［J］．社会学研究，2007（5）：46－83＋243－244．

［143］刘承芳，何雨轩，罗仁福，张林秀．农户认知和农地产权安全性对农地流转的影响［J］．经济经纬，2017（2）：31－36．

［144］刘承芳，张林秀，樊胜根. 农户农业生产性投资影响因素研究——对江苏省六个县市的实证分析［J］. 中国农村观察，2002（4）：34 – 42 + 80.

［145］刘红梅，王克强. 关于我国农地抵押贷款问题的研究［J］. 江西农业经济，2000（3）：9 – 10.

［146］刘克春，池泽新. 农业税费减免及粮食补贴、地租与农户农地转入行为——以江西省为例［J］. 农业技术经济，2008（1）：79 – 83.

［147］刘克春，林坚. 农地承包经营权市场流转与行政性调整：理论与实证分析——基于农户层面和江西省实证研究［J］. 数量经济技术经济研究，2005（11）：99 – 111.

［148］刘克春，苏为华. 农户资源禀赋、交易费用与农户农地使用权流转行为——基于江西省农户调查［J］. 统计研究，2006（5）：73 – 77.

［149］刘荣茂，马林靖. 农户农业生产性投资行为的影响因素分析——以南京市五县区为例的实证研究［J］. 农业经济问题，2006（12）：22 – 26.

［150］刘书楷，曲福田. 土地经济学［M］. 北京：中国农业出版社，2004.

［151］刘勇，张建韬，牛振明，马燕玲. 农户土地流转的调查与思考——以甘肃省新农村建设科技示范点为例［J］. 华中农业大学学报（社会科学版），2010（2）：113 – 116.

［152］罗必良，李尚蒲. 农地流转的交易费用：威廉姆森分析范式及广东的证据［J］. 农业经济问题，2010（12）：30 – 40 + 110 – 111.

［153］罗必良，邹宝玲，何一鸣. 农地租约期限的"逆向选择"——基于9省份农户问卷的实证分析［J］. 农业技术经济，2017（1）：4 – 17.

［154］马克思. 资本论（第三卷）［M］. 北京：人民出版社，2004.

［155］马贤磊，仇童伟，钱忠好. 农地产权安全性与农地流转市场的农户参与——基于江苏、湖北、广西、黑龙江四省（区）调查数据的实证分析［J］. 中国农村经济，2015（2）：22 – 37.

［156］马贤磊，仇童伟，钱忠好. 农地流转中的政府作用：裁判员抑或运动员——基于苏、鄂、桂、黑四省（区）农户农地流转满意度的实证分析［J］. 经济学家，2016（11）：83 – 89.

［157］马贤磊，沈怡，仇童伟，刘洪彬. 自我剥削、禀赋效应与农地流转潜在市场发育——兼论经济欠发达地区小农户生产方式转型［J］. 中国人口·资源与环境，2017（1）：40 – 47.

［158］马贤磊. 农地产权安全性对农业绩效影响：投资激励效应和资源配置

效应——来自丘陵地区三个村庄的初步证据［J］．南京农业大学学报（社会科学版），2010（4）：72 - 79．

［159］马贤磊．现阶段农地产权制度对农户土壤保护性投资影响的实证分析——以丘陵地区水稻生产为例［J］．中国农村经济，2009（10）：31 - 41 + 50．

［160］马小勇．中国农户的风险规避行为分析——以陕西为例［J］．中国软科学，2006（2）：22 - 30．

［161］聂建亮．保障依赖、养老阶段与农村老人转出农地意愿——基于对湖北省农村老人的问卷调查［J］．南京农业大学学报（社会科学版），2018（1）：41 - 53 + 161．

［162］钱忠好．农村土地承包经营权产权残缺与市场流转困境：理论与政策分析［J］．管理世界，2002（6）：35 - 45 + 154 - 155．

［163］钱忠好．农地承包经营权市场流转：理论与实证分析——基于农户层面的经济分析［J］．经济研究，2003（2）：83 - 91 + 94．

［164］钱忠好．非农就业是否必然导致农地流转——基于家庭内部分工的理论分析及其对中国农户兼业化的解释［J］．中国农村经济，2008（10）：13 - 21．

［165］钱忠好，冀县卿．中国农地流转现状及其政策改进——基于江苏、广西、湖北、黑龙江四省（区）调查数据的分析［J］．管理世界，2016（2）：71 - 81．

［166］仇焕广，栾昊，李瑾，汪阳洁．风险规避对农户化肥过量施用行为的影响［J］．中国农村经济，2014（3）：85 - 96．

［167］仇童伟，罗必良．农地调整会抑制农村劳动力非农转移吗？［J］．中国农村观察，2017（4）：57 - 71．

［168］仇童伟，石晓平，马贤磊．农地流转经历、产权安全认知对农地流转市场潜在需求的影响研究——以江西省丘陵地区为例［J］．资源科学，2015（4）：645 - 653．

［169］仇童伟．土地确权如何影响农民的产权安全感知？——基于土地产权历史情景的分析［J］．南京农业大学学报（社会科学版），2017（4）：95 - 109 + 158 - 159．

［170］饶芳萍，马贤磊，石晓平．土地产权安全性对生态友好型农业项目增收绩效的影响——以新疆林果套种项目为例［J］．南京农业大学学报（社会科学版），2016（6）：96 - 108 + 155．

［171］苏昕，王可山，张淑敏．我国家庭农场发展及其规模探讨——基于资

源禀赋视角［J］. 农业经济问题，2014（5）：8 – 14.

　　［172］孙小龙，郭沛. 风险规避对农户农地流转行为的影响——基于吉鲁陕湘4省调研数据的实证分析［J］. 中国土地科学，2016（12）：35 – 44.

　　［173］陶然，童菊儿，汪晖，黄璐. 二轮承包后的中国农村土地行政性调整——典型事实、农民反应与政策含义［J］. 中国农村经济，2009（10）：12 – 20 + 30.

　　［174］田传浩，贾生华. 农地制度、地权稳定性与农地使用权市场发育：理论与来自苏浙鲁的经验［J］. 经济研究，2004（1）：112 – 119.

　　［175］田传浩，李明坤. 土地市场发育对劳动力非农就业的影响：基于浙、鄂、陕的经验［J］. 农业技术经济，2014（8）：11 – 24.

　　［176］王利明. 物权法草案中征收征用制度的完善［J］. 中国法学，2005（6）：57 – 67.

　　［177］王培刚. 当前农地征用中的利益主体博弈路径分析［J］. 农业经济问题，2007（10）：34 – 40 + 111.

　　［178］王倩，余劲. 农地流转背景下地块规模对农户种粮投入影响分析［J］. 中国人口·资源与环境，2017（5）：129 – 137.

　　［179］王小军，谢屹，王立群等. 集体林权制度改革中的农户森林经营行为与影响因素——以福建省邵武市和尤溪县为例［J］. 林业科学，2013（6）：135 – 142.

　　［180］王亚辉，李秀彬，辛良杰. 农业劳动力年龄对土地流转的影响研究——来自CHIP2013的数据［J］. 资源科学，2017（8）：1457 – 1468.

　　［181］威廉·配第. 赋税论［M］. 邱霞等译，北京：华夏出版社，2017.

　　［182］韦托扎尔·平乔维奇. 产权经济学———一种关于比较体制的理论［M］. 北京：经济科学出版社，1999.

　　［183］魏明侠. 感知隐私和感知安全对电子商务信用的影响研究［J］. 管理学报，2005（1）：61 – 65 + 75.

　　［184］沃克，双元. 牛津法律大辞典：The Oxford companion to law［M］. 北京：法律出版社，2003.

　　［185］吴云青，罗倩，密长林等. 农民农地转出意愿及影响因素的性别差异——基于天津市578份调查问卷的实证分析［J］. 中国人口·资源与环境，2016（6）：69 – 74.

　　［186］伍德里奇. 计量经济学导论［M］. 费剑平译校，北京：中国人民大

学出版社，2010.

[187] 西奥多·W. 舒尔茨. 改造传统农业 [M]. 梁小民译，北京：商务印书馆，1999.

[188] 夏显力，贾书楠，蔡洁，贾亚娟. 农地流转中转出户的福利效应——基于政府主导与市场主导两种模式的比较分析 [J]. 西北农林科技大学学报（社会科学版），2018（2）：79 - 85.

[189] 邢祖礼，邓朝春. 论农村土地征用中的寻租行为 [J]. 宏观经济研究，2012（6）：26 - 30.

[190] 徐光东. 产权、法律与中国经济改革 [J]. 政法论坛，2010（1）：27 - 37.

[191] 徐美银，钱忠好. 农地产权制度：农民的认知及其影响因素——以江苏省兴化市为例 [J]. 华南农业大学学报（社会科学版），2009（2）：14 - 21.

[192] 徐旭，蒋文华，应风其. 农地产权：农民的认知与意愿——对浙江农户的调查 [J]. 中国农村经济，2002（12）：36 - 43.

[193] 徐勇，邓大才. 社会化小农：解释当今农户的一种视角 [J]. 学术月刊，2006（7）：5 - 13.

[194] 许汉石. 农村地权稳定性与农地长期投资研究 [J]. 企业导报，2009（3）：32 - 33.

[195] 许恒周，郭忠兴，郭玉燕. 农民职业分化、养老保障与农村土地流转——基于南京市 372 份农户问卷调查的实证研究 [J]. 农业技术经济，2011（1）：80 - 85.

[196] 许恒周，郭忠兴. 农村土地流转影响因素的理论与实证研究——基于农民阶层分化与产权偏好的视角 [J]. 中国人口·资源与环境，2011（3）：94 - 98.

[197] 许惠娇，贺聪志，叶敬忠. "去小农化"与"再小农化"？——重思食品安全问题 [J]. 农业经济问题，2017（8）：66 - 75 + 111.

[198] 许庆，刘进，钱有飞. 劳动力流动、农地确权与农地流转 [J]. 农业技术经济，2017（5）：4 - 16.

[199] 许庆，章元. 土地调整、地权稳定性与农民长期投资激励 [J]. 经济研究，2005（10）：59 - 69.

[200] 许泉，黄惠春，祁艳. 农地抵押风险与农户抵押贷款需求——以江苏试点为例 [J]. 农业技术经济，2016（12）：95 - 104.

［201］许月明．土地规模经营制约因素分析［J］．农业经济问题，2006（9）：13－17.

［202］Y. 巴泽尔．产权的经济分析［M］．上海：上海三联书店，1997.

［203］亚当·斯密．国民财富的性质和原因的研究（上卷）［M］．郭大力等译，北京：商务印书馆，2001.

［204］闫小欢，霍学喜．农民就业、农村社会保障和土地流转——基于河南省479个农户调查的分析［J］．农业技术经济，2013（7）：34－44.

［205］严金明．土地立法与《土地管理法》修订探讨［J］．中国土地科学，2004（1）：9－13.

［206］杨进，张迎春．关于改革农村土地征用制度的思考［J］．经济体制改革，2005（1）：75－79.

［207］杨昭熙，杨钢桥．农地细碎化对农户农地流转决策的影响研究［J］．中国土地科学，2017（4）：33－42＋79.

［208］姚东．代际公共品视域下的农村土地产权收益与投资［J］．甘肃社会科学，2014（3）：179－182.

［209］姚洋．农地制度与农业绩效的实证研究［J］．中国农村观察，1998（6）：3－12.

［210］叶剑平，罗伊·普罗斯特曼，徐孝白等．中国农村土地农户30年使用权调查研究——17省调查结果及政策建议［J］．管理世界，2000（2）：163－172.

［211］叶剑平，蒋妍，丰雷．中国农村土地流转市场的调查研究——基于2005年17省调查的分析和建议［J］．中国农村观察，2006（4）：48－55.

［212］叶剑平，蒋妍，罗伊·普罗斯特曼，朱可亮，丰雷，李平．2005年中国农村土地使用权调查研究——17省调查结果及政策建议［J］．管理世界，2006（7）：77－84.

［213］叶剑平，丰雷，蒋妍等．2008年中国农村土地使用权调查研究——17省份调查结果及政策建议［J］．管理世界，2010（1）：64－73.

［214］伊特韦尔．新帕尔格雷夫经济学大词典［M］．北京：经济科学出版社，1996.

［215］尹贻林，卢晶．我国公共投资范围研究［J］．上海经济研究，2007（10）：11－21.

［216］游和远，吴次芳．农地流转、禀赋依赖与农村劳动力转移［J］．管理

世界，2010（3）：65～75.

［217］俞海，黄季焜，Scott Rozelle，Loren Brandt，张林秀．地权稳定性、土地流转与农地资源持续利用［J］．经济研究，2003（9）：82－91＋95.

［218］翟黎明，夏显力，吴爱娣．政府不同介入场景下农地流转对农户生计资本的影响——基于 PSM－DID 的计量分析［J］．中国农村经济，2017（2）：2－15.

［219］詹和平，张林秀．农户土地流转行为的影响因素——有序 Probit 模型的实证研究［J］．重庆建筑大学学报，2008（4）：10－14.

［220］詹姆斯·斯科特．农民的道义经济学：东南亚的反叛与生存［M］．程立显等译，译林出版社，2001.

［221］张驰，张崇尚，仇焕广，吕开宇．农业保险参保行为对农户投入的影响——以有机肥投入为例［J］．农业技术经济，2017（6）：79－87.

［222］张红宇．中国农地调整与使用权流转：几点评论［J］．管理世界，2002（5）：76－87.

［223］张建，冯淑怡，诸培新．政府干预农地流转市场会加剧农村内部收入差距吗？——基于江苏省四个县的调研［J］．公共管理学报，2017（1）：104－116＋158－159.

［224］张兰，冯淑怡，曲福田．农地流转区域差异及其成因分析——以江苏省为例［J］．中国土地科学，2014（5）：73－80.

［225］张雷宝．地方政府公共投资研究［J］．财政研究，2004（3）：56－59.

［226］张林秀，刘承芳．从性别视角看中国农村土地调整中的公平问题——对全国 1199 个农户和 2459 个村的实证调查［J］．现代经济探讨，2005（10）：18－24.

［227］张曙光．城市化背景下土地产权的实施和保护［J］．管理世界，2007（12）：31－47.

［228］张同龙，张林秀．从民主选举到公共投资：投票细节与作用机制——基于全国 5 省 100 村调查数据的经验研究［J］．经济学（季刊），2017（2）：729－748.

［229］张璋，周海川．非农就业、保险选择与土地流转［J］．中国土地科学，2017（10）：42－52.

［230］赵阳．共有与私用：中国农地产权制度的经济学分析［M］．北京：

生活·读书·新知三联书店，2007.

　　［231］钟甫宁，纪月清．土地产权、非农就业机会与农户农业生产投资［J］．经济研究，2009（12）：43－51.

　　［232］钟太洋，黄贤金，王柏源．非农业就业对农户施用有机肥的影响［J］．中国土地科学，2011（11）：67－73.

　　［233］钟涨宝，汪萍．农地流转过程中的农户行为分析——湖北、浙江等地的农户问卷调查［J］．中国农村观察，2003（6）：55－64＋81.

　　［234］周来友，饶芳萍，马贤磊，石晓平．丘陵地区非农就业类型对农地流转的影响——基于江西省东北部农户调查数据的分析［J］．资源科学，2017（2）：209－219.

　　［235］朱民，尉安宁，刘守英．家庭责任制下的土地制度和土地投资［J］．经济研究，1997（10）：62－69.

　　［236］诸培新，金焱纯，代伟．区域间农地流转影响因素比较分析——基于江苏省农户调研的实证［J］．中国土地科学，2011（11）：21－26.

　　［237］诸培新，苏敏，颜杰．转入农地经营规模及稳定性对农户化肥投入的影响——以江苏四县（市）水稻生产为例［J］．南京农业大学学报（社会科学版），2017（4）：85－94＋158.

　　［238］邹伟，胡莉，王翌秋．农村居民点整理对农户土地投入影响研究［J］．中国人口·资源与环境，2017（1）：48－56.